面接法

追補版

熊倉伸宏

新興医学出版社

この本を手にされた方に

　これは，心の相談のための面接法の本である。どこでも，だれでもが受け入れるような常識的で基礎的な技法について，「人と人との出会い」という原点に立ち戻って論じてある。
　読者は臨床心理士，医師，社会福祉士，看護師・保健師，及びそれを専攻する学生，及び，それを教える人たちである。しかし，それ以外にも，人間に強い関心を持つ方には読んでいただきたいと思う。私自身は，他分野の方が書いた書物から，面接について多くを学んだ経験を持つからである。

　この本の特徴は，
　第一に，**面接法とケース・スタディ**について説明している。
　第二に，**理論と技法の原則を体系的に**示している。

　いろいろな読者が，それぞれの立場で自由に読んでいただければ幸いである。
　2002年1月

　　　　　　　　　　　　　　　　　　　　　　　　熊倉伸宏

目　次

この本を手にされた方に

I. はじめに ……………………………………………………1
1. この本の目的 ………………………………………………1
2. 面接という体験 ……………………………………………2
3. 心の専門家いろいろ ………………………………………5
4. この本の使い方 ……………………………………………9

II. 面接とは ……………………………………………………11
1. すぐれた面接 ………………………………………………11
2. 面接という方法 ……………………………………………14
3. 面接室と社会 ………………………………………………17
4. 面接者が行うべきこと・行ってはならないこと …………20

III. 面接の実際 …………………………………………………25
1.「分かる」ということ ………………………………………25
　（ケース　A氏）………………………………………………27
2. 初回面接 ……………………………………………………30
3. 面接のゴール ………………………………………………32
　（ケース　B子）………………………………………………32

IV. 面接で得られる情報 ………………………………………34
1. 来談理由 ……………………………………………………34

2．構造化された観察 ………………………………38
3．「見立て」 …………………………………………44

V．面接の構成要素 …………………………………48
1．五つの要素 …………………………………………48
2．聞くこと ……………………………………………51
3．問いを立てること …………………………………57
4．見ること ……………………………………………60
　（ケース　C君） ……………………………………61
　（ケース　D婦人） …………………………………64
5．対等な出会い ………………………………………65
6．専門的関係 …………………………………………71

VI．面接の展開 ………………………………………74
1．分かること …………………………………………74
2．受け止めること ……………………………………82

VII．面接理論を学ぶこと ……………………………95

VIII．ケース・レポートを書くこと ………………101
1．ケース・スタディ（症例研究）と
　　ケース・レポート（症例報告）………………101
2．ケース・レポートの意味 ………………………103
3．ケース・レポートの書き方 ……………………105
4．実践：ケース・レポート ………………………108

IX．おわりに …………………………………………125

エピソード

メドゥーサの視線 …………………………………4
呪われた面接者 ……………………………………6
高位の面接者 ………………………………………6
道化の面接者 ………………………………………7
臨床観察 ……………………………………………40
「見立て」とは何か？ ……………………………45

理　　論

土居健郎の面接理論 ………………………………12
sign・サイン・記号・徴候・症状 ………………19
緊急事態 ……………………………………………23
サイン・記号・徴候と実践理論 …………………46
面接の理論 …………………………………………50
共感とは何か ………………………………………56
科学者の観察，面接者の観察 ……………………62
自己と他者の出会い ………………………………69
日常語と専門語 ……………………………………73
「ともに眺めること」 ……………………………90
論理・理論・メタ理論 ……………………………95

I. はじめに

1. この本の目的

　学校，企業，医療，地域でいろいろな「心の相談」に従事していると，そこのスタッフに，必ず聞かれることがある。
「私たちが勉強するのに適切な面接の本はないですか」
「適切」とは，基本に忠実で，実践的であって，しかも，特定の理論に偏ることがないという意味だと言う。なかなか，そのような総論的テキストはない。
『そういうものはない』と応えると，
「じゃ，何故，誰も書かないのですか」と，当然のように聞かれる。
『難しいから書けないのだよ』と，私は口ごもる。
　このような体験から，本書が産まれた。

　もともと，面接法の基礎を学ぶことは，「人間」を学ぶことである。第一歩を学ぶことも，教えることも，至難の業である。しかし，基礎を学ぶことを避ければ，臨床から「人間」は見失われる。「臨床における人間忘却」，専門性の確立のために解決すべき基礎的課題が，そこに在る。私なりに，この課題を言葉にしてみた。

そのような姿勢でこの本を書いた。誰でも読めるようにやさしく書いたが、ベテラン面接者や指導者にとっては、かえって多くの問題提起を含んだ本になったと思う。一方、人間について深い関心を持つ者ならば、初心者でも手にとっていただけると思う。所々に、難解な部分もある。しかし、私は、敢えて、この本を初心者向けの本と位置づけた。この本で初心者とは、「分からない」ことに、これから立ち向かう人だからである。そして私も、いつまでも初心者の心を持ち続けたいと願う一人だからである。

2．面接という体験

ある面接者が、初めて一人で面接を行った時を想い出して、

「あの初めての面接は何だったのだろう。
　心理学を教わり、面接についても教わり、どのように面接するかは分かっているはずだったのに、実際に、相手を前にすると、予想したものとは、全く違った。
　自分の頭の中が真っ白で、冷や汗が出る、動悸がする。そして、何を聞いたらよいのか、何をしたらよいのか分からなくなった。
　何とかしなくてはと思うけど、余計、頭の中が真っ白になった。
　二十分で面接を済ますようにという先生の指示が出ていたが、初めて時計を見たときには、既に一時間を過ぎていた。私が、あのようになるとは、予想すらしなかった。
　あれは、まさしくパニックであった」

これが初めて、独力で、心の相談を行った時の面接入門体験で

ある。

　面接を学ぶ者は，このような体験を一度は経験する。後になれば，笑い話である。ところが，本人は必死である。面接者の適性がないのではないか，と思うほどである。そして，ベテランの面接者は，そのような経験すら忘れてしまうらしい。だから，それが如何に貴重な体験であるかを書いてある教科書はない。

　この体験は，私たちに，何を教えてくれるのだろうか。

「友達の相談に乗るように話し合えばよい」と，先生や先輩に教えられる。ところが専門家として人の相談に乗るとなると，友達の相談に乗るようにスムーズには行かない。先生の面接に同席した時ともちがう。副面接者として先生が相談に乗っているケースに面接する時とも，全然ちがう。

　しかも，面接室では，先生も仲間も助けてはくれない。来談者と自分しかいない。「助けて欲しい」と思っても，誰もいない。来談者は，容赦なく面接者の未熟さを観察する。面接室で起きることの責任は，専門家である自分にある。自分が未熟なために，来談者を不幸にするかも知れない，と不安になる。初心者の不安は，心の相談の専門家にとっては避けられないものである。

　この初心者は，本当は極めて幸運な人である。何故なら，最初の面接で，その難しさを学ぶことが出来たからである。

　何を学んだのか。

　ギリシャ神話のメドゥーサの話を知っているだろうか。髪の毛

が蛇である醜い女性である。その姿を見た者は彼女の視線によって石化させられる。恐ろしい話である。この神話を聞いて，何を感じるだろうか。

　生身の人と専門家として接することは，恐ろしいことなのだ。誰でも人の前で緊張する，固まってしまう。そのような経験はあるだろう。初心者は，まだ，面接の専門家として全く自信がない。だから，面接室で来談者にジッと見つめられると，今まで経験したことがないほど，恐怖感を感じるのだ。面接相手に「先生」と言われただけで，不安になり，頭が真っ白になる。他者の視線は，メドゥーサのように，恐ろしいのである。

**　一人の平凡な人間が，専門家であると名乗って，もう一人の人間の相談に乗ること。**

　それが面接者の仕事である。そして，それが難しいのである。その難しさに気付いていて，しかも，淡々と面接することが難しいのである。それが出来るのが，ベテランの面接者である。そうなるには，どうしたら良いか。この難問に応えようと，この本を書いた。読者が，専門家としての基本姿勢を身に付けるために，役立てて欲しい。

（エピソード）**メドゥーサの視線**
　メドゥーサは，大洋の果てに住むゴルゴーン（怪生の女）の美しい娘である。海神ポセイドーンの愛を受け，天馬ペーガサスを産む。女神達の嫉妬によって，髪が蛇という醜い姿に変えられた。あまりに醜くいので，見る人が石化するという人もいる。しかし，やはり彼女の視線が石化させるという視線恐怖症の話の方が魅力的である。ペルセ

ウスが青銅の楯に彼女を映し退治したという。

3．心の専門家いろいろ

　長年，経験を積んでも，人を理解することは難しい。そこで実際にその難しさを解決するために，専門家は，いろいろな工夫をする。そして危ない専門家から，安心感のある専門家まで，いろいろなタイプの面接者が出来上がる。幾つかのタイプを紹介しよう。それぞれの姿は，私が面接者となる過程で体験した危うさを描いたものである。従って，面接者心得の自己点検チェックポイントとして読んでいただきたい。

　第一に，人を理解することに理論も技法もあり得ないと悟り，ただ，自分の心を武器にして，面接室に閉じこもる面接者がいる。相手の痛みを自分の痛みと感じ，そして喜びを喜びと感じる。そして相手を傷つけないように気遣い，来談者との一回限りの出会いだけを信じ，誰に学ぶこともなく，ひっそりと面接室の中だけで生きようとする。鶴の恩返しのように，自分の羽をむしって人に報いようとする，如何にも繊細な面接者である。

　この面接者は，相談に来た人を，人として大切にしている点では正しい。共感を大事にする点でも正しい。しかし，この面接者には基本的な誤りがある。人の心に素手で触れれば，あなたの心は大きな打撃を受けるのだ。来談者は専門家を求めているのである。面接者は専門家であり，自分一人では専門家にはなれない。残念ながら，社会性を失ったところに専門性は成立しない。良い先生について技法を学び，良い本を十分に読むことも大事なので

ある。

　このように長年，心の世界に閉じこもっているうちに，面接者は，専門家としての社会性を失っていく。面接者の心や生き方が，内部から崩れていく。そのような人が多数いる。

(エピソード) 呪われた面接者
　かつて，第一次大戦を知らずに屋根裏部屋に引きこもった画家がいた。社会性の喪失の故に，「呪われた画家」と呼ばれた。社会から切り離された相談者の姿を，「呪われた相談者」と名付けよう。貴重な人材を自己崩壊へと導く，一種の職業病であろう。正式な教育を受けることがない人たち。その大きな原因として彼らを支える体制が未整備なことが指摘されよう。そのような底なし沼であがく若い同僚達に，この本を読んでいただきたい。

　第二に，上の例とは逆に，自分には人を助ける力があると過信して，自信たっぷり，面接をする人がいる。相談に来た人に説教したり，自分の考え方や思想や宗教を押しつけたりする。本人は満足であっても，相談に来た人こそ迷惑を被っているのである。この面接者は，先生からも面接の相手からも，学ぶ姿勢を持たない。だから，一番，面接者に相応しくないタイプである。面接者は，心の相談に乗る専門家にすぎない。私も，かつて自信たっぷりだった時がある。思い返せば恥ずかしいが，人は容易に奢るように出来ているらしい。

(エピソード) 高位の面接者
　自分には，生来，他者を導く力が備わっていると信じる者は，一体，何者なのだろうか。彼らを「高位の面接者」と名付けよう。ニーチェの作品の中では，「高位の人たち」がコミカルに描かれている。新し

い文化の担い手として,神の代わりに人間を置こうとする人たちである。人間が,神に代わろうとして失敗した姿であろうか。面接者は特殊な能力を持たない平凡な人間であり,平凡さ故に面接者に相応しいのだと,私は思う。

　第三に,面接の技法さえ身に付ければ,面接の力が付くと信じる面接者がいる。面接技法のハウツウ本だけに関心をもつ人である。なお,ハウツウ本というのは,理論的根拠は書いてないが,面接の技法・テクニックを書いてある本である。

　面接に来た人が何かを聞いたとき,「あなたは,どう思うのですか」と聞き返すのも,一つの立派な面接技法である。しかし,相談に来た人が何を聞いても「あなたは,どう思うのですか」と繰り返していては,機械と同じである。技法とは,そういうワンパターンなものではない。多くの技法があり,時と場合に応じて,使い分けるべきものである。掃いて捨てるほどある技法の中から,適切な技法を見つけることが難しいのだ。ハウツウ本は無数にあり,本によって,書いてあることがちがう。技法の選択が一番,難しい。だから,初心者のうちに偏った技法にはまってしまうと,面接者として悪い癖が付いてしまう。せっかく面接者の職を得ても,「ちょっと,あのやり方では困ります」と断られてしまう。

(エピソード) 道化の面接者
　たしかに学ぶことは模倣である。しかし,模倣によって学ぶもの,それは「心」ではないだろうか。面接の達人から技法を模倣することにのみ関心を示し,その心に迫ろうとしない人たち。形の模倣から心の模倣へと至らない者。これを私は,「道化の面接者」と呼ぶことにした。超人を模倣しながら,実は超人に依存する他にない者たち,ニーチェの作品の中に登場する「道化」は,そのような人たちのことで

あろうか。「道化の面接者」の姿は，次に述べる「著名な名を語る者」であろうか。私自身，いつも危うさを感じるところである。

　第四に，有名な心理学者，例えばフロイト，あるいはロジャースの本から，技法と理論を学ぶことである。それは必要なことである。私も，そのように学んできた。しかし，「**著名な名を語る者**」と「**著名な名に学ぶ者**」は違う。大事なことは，彼らが絶対的存在ではない点にある。彼らは，現在の私たちから見れば，大きな仕事をした人なので，神様のように崇められやすい。しかし，彼らも人である以上，間違ったことも言う。だから，「フロイトは云々と言っていた」と引用しても，それが正しいという保証は全くない。

　むしろ，フロイトやロジャースを読めば分かるように，彼らは，心の相談に来る人と同じように，あるいは，それ以上に，心の世界を，深く探索していく姿勢を持っていた。そして彼ら自身は，偉大な先輩たちの理論を絶対視することはなかった。むしろ，自分を問い返す姿勢を大事にしていた。それ故に，彼らは，自分に固有な理論を作らざるを得なかった。彼らから一番，学ぶべきは，この基本姿勢である。

　そもそも優れた面接者とは何であろうか。多くの専門知識を持った上で，心の相談に来た人を前にして，「私は，この人に何が出来るのだろう」と，自己を深く見つめ直す姿勢を持っている人ではないだろうか。もともと，自分に人を癒す能力などあるはずはないし，いつ誤りを犯すか分からないと思っている人，要するに，「私のような凡人に出来ることは，相手の話をよく聞くことと，十分に学ぶこと以外にない」，そう思っている人ではないだ

ろうか。それならば平凡な人間でも訓練さえすれば出来るだろう。私は，そう思って学んできた。私にとって優れた面接者とは，著名な人の言葉と，目の前にいる来談者の言葉が同じ重さを持っていることに気がついている人たちであった。

以上を要約すれば，面接を学ぶには，二つの要素が必要になる。
第一には，来談者自身から直接，学ぶ姿勢，
第二に，良い先生達から直接学び，かつ，有名な本を読むこと。
このどちらの要素が欠けても，専門家としては欠点がある。

このような基本姿勢を知った上で，この本を読んで欲しい。

4．この本の使い方

この本の構成は，
  1. **本文**：経験を積んだ面接家ならば誰でも同意するような面接法の原則を解説した。
  2. **理論**：理論的解説。（理論）と見出しを付けた部分である。私の個人的考えという色彩が強い部分である。読者が自分の考えを作り上げる参考にしていただきたい。
  3. **エピソード**：（エピソード）と見出しを付けてある。専門家として知っていると面白い知識を収めた。

初めて読むときは，本文だけ読むと分かりやすいであろう。もっとも，面接の極意に触れたような部分もある。普段から，ハウツウもので満足している者にとっては，まったく新しい，難解な思考を要求する本なので，覚悟して読んで欲しい。

私が，この本を書いた時，イメージした使い方を例として示す。これを参考にして，自分流にこの本を生かしていただければ有難い。

　この本で学ぶべきキーワードは，
　　1．訴えを「**分かること**」と「**受け止めること**」
　　2．「**よく見ること**」，「**よく聞くこと**」，そして「**一緒に見ること**」
　　3．面接理論を「**学ぶこと**」
　　4．ケース・レポートを「**書くこと**」

学習課題を出すとしたら，
　上記の個々のキーワードを一つ指定して
　　1．どこまで理解したかをレポートに書く
　　2．次に，自分の意見を書く

　これらのキーワードについて基礎的知識を持てば，ケースに接する知的準備はできる。
　実地研修への導入以前に，この程度のキーワードについては，よく考える習慣をつけておくと良い。ベテランになってからは，身に付かないものがある。

II. 面接とは

1. すぐれた面接

　はじめに，すぐれた面接がどのようなものかを知っておこう。それには，同席面接を体験すると良い。これは指導者の面接に同席させてもらう学習法である。

　私も卒業したての時，達人といわれる人の面接に何度か同席させていただいた。どれ程，私の知らないマジカルな場面が展開されるのかと期待した。しかし実際には，どの学派に属している面接者であっても，極めて自然な話し合いが，淡々と進んでいるだけだった。面接者は，ほとんど聞いているだけのようであり，時に，問いを発するくらいであった。それは，日常的な当たり前の話し合いに見えた。心の相談に関係したいろいろな技法やテクニックの達人でさえ，特殊な技法は，ほとんど用いていないように見えた。生意気にも，当時の私でも，これなら出来ると思った。そして正直のところ，私は軽い失望を覚えた。

　問題を抱えた人と，専門家として，普通に淡々と話し合うこと。

　それが難しいことだと，私が気付くには，長い時間と経験が必要であった。一流のスポーツ選手を想像して欲しい。サッカー選

手があまり自然にボールを扱うので,自分で出来そうに思い,やってみると全然できない。野球でも,三冠王を取った選手のバッターボックスでの構えは,自然体で何処にも無駄な力が入っていない。どのような変化球にも対応できる。専門性の行き着くところは,いつも自然体である。すぐれた面接者がやっていることが,外部から見ると,やさしいことに見えるのは,これと同じである。

よく考えてみれば,面接で淡々と話すことが難しいことは,すぐ分かることである。来談者は,自分の生活圏にいる家族や友人や同僚に相談を持ちかけても無駄だと思うから,心の専門家の所にまで,わざわざ話しに来たのである。素人同士の話し合いが役に立たないから,専門家ならば話を聞いてくれると期待して来談したのである。

従って,彼らと淡々と話し合えれば,それだけで,彼らが来談した第一の目的は達するのである。

すぐれた面接は自然な会話を伴う,ゆったりした流れである。

それが出来れば,この本を読む必要はない。それほどに,難しいことである。心の悩みを持った人は傷付きやすく,普通に話すことさえ困難である。その悩みに目を閉じることなく,自然に話し合えることは,実は,素晴らしい技術なのである。(「すぐれた聞き手」についての分かりやすい解説がある。村瀬嘉代子,青木省三:心理療法の基礎.金剛出版,2000)。

(理論) 土居健郎の面接理論
　「面接」が,他者理解の重要な方法であり,かつ,人間研究の方法であることを指摘したのは,土居健郎先生であった。「方法としての

面接」(医学書院, 1977年) とは, 彼の苦心の著作に付けた実に要点を突いた命名であった。本書の用語は, そこから生まれて一般に使用されている言葉が多い。是非, 一読を勧めたい。

本書の構想は, 私個人が土居先生の指導を受けた経験の中で, 自ずと, 私の中に形になってきたものである。但し, ここでの面接理論が彼の著作に書いてあると言うのではない。彼の行間に書いてあるのだ。先生は多くのキーワードを私たちに教えてくれた。考え方を教えてくれた。本書でも可能な限り, それに従った。しかし, 行間は文字に残されてはいない。特に, 希望と絶望, 信頼と不信, 一体感と孤独など, 人間存在の根幹に関わる課題を, 心の面接が避けることが出来ないことを, 私は彼から学んだ。このような最も重要な課題の多くは, 彼の著作の行間に伏せられている (熊倉伸宏.「甘え」理論と精神療法. 岩崎学術出版, 1993)。私はそれを発掘し, 先生を知らない者にも見えるようにしたいと思った。上記の人間的課題が, 人と人の出会いの構造と関係しており, 面接法こそが, それを扱うに最適な技法だというアイディアは私の考えである。本書を書くまでは, そう思っていた。しかし, よく考えてみると先生の影響のようにも思える。私は本書を書くことで, 私と土居先生の無数の面接を思い出している。この点では, 本書は「方法としての面接」の実践的な姉妹書である。

私の立場を説明する。私は土居健郎先生に指導を受け, フロイトの著作集を読み返している点では, 伝統的な精神分析に属している (熊倉伸宏, 伊東正裕.「甘え」理論の研究. 星和書店, 1984)。一方, 石川清先生から原書でヤスペルスの客観的精神病理学を学んだ。これが常に重要な論拠となっている。土居, フロイトの全著作, ヤスペルスの精神病理学の三つは, 私の心理学の基礎をなす。その他, 人間学等, 多くの著者から影響を受けている。

このような立場を私は, **現代折衷主義 modern eclecticism** と名付けた。折衷派を名乗る者には, 多くの先達から良いところだけ取り入れることが可能だと主張する者達がいる。そのような幻想は本書にはない。いくら優れた頭脳でも, 人知が絶対に達することは有り得ない。人の作り出すものは, 本来, 相対的である。この相対主義の基礎にあ

るのは，人知は絶対には達し得ないという絶対的確信である。本書を書くのに確かな前提を置いたとしたら，このパラドキシカルな確信のみである。村瀬嘉代子先生らがいう「特定の流派や技法に組しない常識的で，素人っぽい統合的アプローチ」という方向性と軌を一にしていると私は思う。素人っぽいだけ，論理的詰めの厳密さが求められる。それが今後，求められる臨床心理学の姿であろう。

2．面接という方法

　心の相談は，面接者の職業や職場によって，心理相談，精神療法，メンタルヘルス相談，ケア・マネイジメント等，名前が変わる。しかし，どの面接であっても，王道というべきものは面接法である。つまり面接は，広く用いられている最も重要な心の相談方法である。**面接とは，相談に来た人（来談者）と相談を受ける人（面接者）の，二人の出会いである。**現実にはいろいろな面接理論があるが，それらの基礎となるのは，先ずは「人と人との出会い」である。なぜか今までは，これを体系的に説明した心理学書はなかった。そこで，この本は「出会いの心理学」を基礎において説明した。

　最初の面接では，面接者は来談者の名前を確認し，次いで，面接者は，自分の名前と職種，面接の説明，定期の面接日時などを挙げて自己紹介する。これが面接の導入である。
　面接者が次に行うことは，「何故，その人が相談に来たか」という理由を理解し，その問題解決に向かうことである。来談者が持ち込んだ問題を，**来談理由**という。

来談理由　→　問題解決

　ここで，面接の意義について考えておこう。
　まずは，面接法が，他の心理学的方法にはない固有な特徴を備えている点を，二つ説明しよう。

　第一には，面接では，人と人が，直接，出会わなければ得られない情報が得られる。何よりも来談者は，自分の生活上の問題を抱えて，「どう解決したらよいか」と専門家の意見を聞きに来る。
　英語で面接を**インタビュー inter-view** という。人と人が互いに顔を付き合わせるという意味である。対等に出会い，話し合い，問題解決を目指す。ある人を理解するには，直接，顔を合わせて話し合うことが不可欠である。単に，その人を観察するだけではない。その人も私を観察する。相手も，私が相談相手として適切かどうかと観察する。疑いもすれば，信頼もする。彼らは，決して，単なる観察対象，モノではないのは，当然である。来談者を技法の対象，観察対象にすることで，失われるものがある。対象化した時に見えなくなるものがある。それは，来談者の生きた声である。たとえば心理テスト等で客観的測定を行う場合には，まずは面接の中で，何故，それが必要なのかを，相手に納得のいくように十分に話し合うことは当然であろう。

**　お互いに相手を知るには，まず，会って話を聞くのが一番である。**

　第二の特徴は，面接の社会性である。
　面接を受けたことのない人は，まずいない。病気になったこと

のある者ならば，医療面接（診察）を受けたことがあるはずだ。受験や就職の際には，面接試験を受けた経験があろう。最近，少なくなったが「お見合い」というのも，形式としては面接かも知れない。たとえ工学系の技師であれ，一つの設計を始める前には，必ず，依頼人との重要な面談がある。面談で信頼されなければ，仕事は始まらない。

人生の重要な局面には，必ず，面接がある。

　面接には，他の心理学的方法にはない**社会性**がある。この事実は見落とされることが多い。面接は，社会と専門家をつなぐ接着剤である。社会で生じた生活上の問題が，心の相談に持ち込まれる。来談者を，特殊な心理学的検査法や治療法に結びつけるには，あらかじめ，必ず面接を行う必要がある。

　状況に応じて，面接者は来談者の家族や学校や会社と連絡を取る。面接外の他者と社会と，如何に関わるか，何時，関わるか，何故，関わるか，あるいは，関わらないか，面接者は，そのような社会的視点を常に意識する。

　ここで心の相談の目的を整理しておこう。第一に，面接者自身が，来談者の心の相談に乗る場合である。この本は主にそのような状況を想定している。この場合は，面接の目的は，まず来談者の訴えを「**分かること**」である。次いで，それを「**受け止めること**」が必要となる。この本は，この二点を中心に説明している。

　但し，心の相談には，面接者が忘れてはならない重要な，もう一つの役割がある。いわゆる社会資源の有効活用を助けることである。これが第二の，しかし，実際には極めて重要，かつ，面接

者が見落としがちな目的である。来談者は大抵，自分が必要としている援助をどこに行ったら得られるか知らない。つまり，初めて相談に乗った専門家は，来談理由に対応した専門家や機関を選定し紹介することが，重要な役割となる。例えば，学校でカウンセリングを行う者は，医療が必要な者を同定し，医療機関を紹介しなくてはならない。学費等の生活上の問題が在れば，該当するサービスを紹介する。これらの活動の総体を，**生活支援**，あるいは，**ケア・コーディネション**，**ケア・マネイジメント**という。

それを行う者を**ケア・コーディネイター（ケア・マネイジャー）**という。好みの服を合わせてお洒落することをコーディネイトというように，必要な援助を組み合わせて程良くコーディネイトするのである。このような知識と技術がなければ，相談活動において，適切な対応は出来ない。なお，この点については，心理学関係よりも，むしろ健康科学の書籍を参照されたい（熊倉伸宏編著：公衆衛生学テキスト．新興医学出版社）。

問題に対応した適切な専門家を見いだすことが最も難しい。自分の学んだテクニックだけ信じて密室に閉じこもり，どのような相談にでも対処しようとする。特殊な心理学的技法を学んだ者が陥りやすい誤りである。

3. 面接室と社会

面接室での出来事と社会との関係は，単純ではない。面接室では，面接者と来談者の二人しかいない。総ては二人で成り立っている。つまり面接所見は，二人だけが知っている二人だけの情報であり，二人だけの秘密である。そして面接者は，来談者が住む

世界を直接,見ることは出来ない。要するに面接の関係は,一見したところ,「私」と「あなた」しか居ない二者関係である。

しかし面接者は,面接で来談者から得られた情報によって,来談者の生活を読み取る。

面接情報から,社会生活での問題を推測し,彼らの人生を読んでいる。つまり,面接で得た情報は,来談者の世界を映し出す鏡である。

社会生活には,「私」と「あなた」と「彼ら」が居る。これを三者関係という。面接での二者関係と社会での三者関係は,同じコインの表裏のように一体となっている。しかし,どのように一体になっているのだろうか。

面接者は,来談者の生活上の問題をどのように読み取るのであろう。後に示すA氏は,人生において解決困難な問題が生じたとき,原因不明の頭痛を体験した。悩み事を「頭痛の種」という。実際に,頭痛は人生の問題が形を変えて現れたものであった。他にも,たとえば実生活で自分の立場を見失った人は,面接では「めまい」を訴えることがある。

面接室での訴えと生活上の問題には,このように深い関係がある。しかし,それは単純に理屈で分かる関係ではない。来談者が当面,言葉にした**訴え complaints** を,深く聞いていくと分かるのである。そこから自然に,本当はこの生活上の問題を訴えたかったのだと分かるのである。これを,人生上の問題が来談者の訴えに**投影**されていると表現する。来談者の言葉を含めて面接で得られる所見は,彼が住む世界を比喩的に表しているのである。面接者は,訴えから来談者の人生を読み取る。つまり面接での総ての情報に,来談者の心と世界が投影されているのである。

面接での二者関係に，社会での三者関係が投影されている。

(理論) sign・サイン・記号・徴候・症状

　徴候 sign とは，極めて興味深い言葉である。何故なら，徴候とはサインであり，「何かを指し示す」という意味である。言語学でいう「意味するもの＝サイン」と「意味されるもの」を，その言葉自体が含んでいる。日本語ではサインを記号と訳してしまうことがあるので，それが徴候や症状とも訳されることを見落としがちである。

　来談者の訴えが人生での問題を投影しているというのは，言い換えれば，「訴えは来談者の人生を比喩的に表すサインである」ということになる。これを**隠喩 metaphor** という。この場合，重要なのは，それがサインであるという事実を，来談者は知らないことが多いという点にある。そこで面接者は，サインが何を意味するのかを，来談者と共に分かるまで探っていくのである。人を「分かる」とは，まずは，**サイン解読の技法**である。

　ロールシャッハ検査では，インクのシミを見せて，何に見えたかを語らせ，その人の心が，どのように，そこに投影されるのかを観察する。しかし，面接で投影されるのは，単に，来談者の中にある心ではない。来談者の心を通して，彼の住んでいる世界，そこにいる人たちが投影されるのである。

　面接室で起きる出来事から，生活の場での問題を読み取るのである。投影されるものは，その場には「居ない人（**不在の他者**）」である。面接の場には，来談者の生活圏の人は居ない。一方，来談者の生活圏では，来談者は家族や友人と接する。しかし，そこには面接者は居ない。しかし，来談者は心の中にいる面接者と相談しながら自分の生活を営んでいく。面接者は，来談者の生活圏

に自分が居ないことを最強の武器にして来談者の訴えを「受け止める」のである。

　つまり，**面接の鍵をにぎるのは「不在の他者」である。**

　初心者は，このパラドックスに戸惑われるであろう。しかし，自分の心の中に，いかに多くの不在者が居るか，その不在者が，いかに大きな影響を与えているかを自己観察すれば，心の問題ではその場に「居ない人」が重要だということは分かるはずである。
　以下に，面接における「投影と不在者」の関係を示す。

	面接室	社会（生活圏）
関係	二者関係	三者関係
不在の他者	生活圏の人	面接者

4．面接者が行うべきこと・行ってはならないこと

　先に，面接には社会性があると述べた。言い換えれば，面接者は社会的義務と責任を負うということにもなる。
　面接者が必要とする知識には二種類ある。第一は，面接の技法と理論などの心理学的な専門的知識である。第二は，人生と社会についての常識であり，これには日常的な一般的知識から，哲学や宗教などの心理学以外の知識が含まれる。心理学者は，この点

での専門性は持ち合わせてはいない。

しかし，その中で必ず学ぶべきものがある。**倫理学 ethics** である。ここでいう倫理学とは**価値判断と意志決定の学問**である。面接者が行うべきこと，行ってはならないことは，心理学以前に，社会の中で既に定められている。それを扱う学問が倫理学だからである（前掲：公衆衛生テキスト）。

次に，面接者が守るべき原則を，その実例を加えて紹介する。原則という意味は，面接者は通常，その原則に従って行動するということである。しかし，原則から外れた例外的な行動を取ることもある。そのときには，その理由を明確に説明できなくてはならない。

第一は，面接者の**守秘義務 confidentiality** である。面接者が面接の場で得た情報は，来談者のプライバシーに属する。だから，面接情報を他人にもらしてはならない。これは誰でも知っている常識である。原則としては，来談者の家族，教師，上司に対しても，面接の情報を教えてはならない。ここで難しい問題が起きてくる。

ある来談者が「死にたい」と告白したとする。その家族から電話があって，「心配なので，本人に内緒で何を話したか教えてくれますか」と言ってきたら，どうしたら良いか。『守秘義務があるから教えられない』と答えるべきか。ただし，家族が心配しているのは充分，理解できるし，家族に本人のことを説明しておいた方が，本人の利益になるであろう。そのような時は，本人に家族から電話があったことを伝え，家族に説明することの了解を得るのである。実際には，自殺を考えている人の多くは，家族にそ

れを告げることを極端に嫌う。心配をかけたくないこともあるし，家族を恨んでいることもある。

そのような条件で本人と話し合うのは難しい。その難しい役を負うのが面接の専門家である。このような時に役に立たない技術を学んでも，意味はない。

それでは，企業の一社員が，心の病気で長い間，休んでいたとする。そこで働く保健婦や，企業の健康管理を担当する社員が，復職を助けるために，面接者が得た情報を教えて欲しいと言ったとすれば，守秘義務に違反するのだろうか。

面接者が，ここで知らなくてはいけないことは，**チーム・ケア**である。今は学校でも，会社でも，病院でも，ほとんどがチーム・ケアの形を取っている。臨床心理士や看護婦や社会福祉士や医師が，一つのチームを組んで，心の問題を抱えている人を助けるのである。心の相談も，このようなチームの中の一員として働くことが多い。この場合，来談者の情報をチームで共有することがある。それでは面接者の守秘義務は守られないのであろうか。そうではない。その時は，チーム全体が守秘義務を負う。

第二に，**自己決定**の原則である。来談者がどのような面接を受けるかは，来談者自身の判断で選ぶことができる。原則として，来談者は面接者を選ぶことも出来る。面接者が受けた専門的教育について知ることもできる。

但し，これは原則である。実際に面接を行っていて，「面接者を代えて欲しい」と来談者が訴えた場合，自己決定の原則に従って，面接者を交代すれば良いという単純な話ではない。来談者は単に，自分の心の問題，不満を面接者にぶつけており，本当は，

面接者にそれを受け止めて欲しいのかも知れないからである。まずは，本人を分かることが大切である。

　第三に，**保護**の原則である。心の相談では，来談者が非常に混乱している場合がある。
　実際に重い精神疾患のある人で，そのために自殺の危険が極めて高い場合などは，本人を保護する手段を考えることが先決問題である。
　ここで面接者が知るべき知識には，精神保健福祉法で決められた**医療保護入院**という制度がある。それを行う資格を持った精神科医（指定医）は，家族等の同意によって，精神科に入院させることが出来る。保護を要する人だと思ったら，先ずは，精神科医の診察を受けるように勧める必要がある。自殺等の危険を放置してはならない。

（理論）**緊急事態**
　人命に関わる緊急事態では，人命保護が他の原則に優先する。精神保健福祉法と関連する緊急事態は，「自傷他害の恐れ」と呼ばれる。これは自殺する恐れがある人は皆，緊急入院させるという意味ではない。今まさに，窓から飛び降りようとしている，あるいは，刃物を持って人を傷つけようとしている人を取り抑えて，放置は出来ないという，「今まさに」という切迫性が緊急事態である。その他の自傷と他害の傾向，それ自体は人間が持つ一般的傾向である。それは破壊衝動であり，フロイトの言う「死の欲動」である（熊倉伸宏：臨床人間学―インフォームド・コンセントと精神障害．新興医学出版社，1994）。

　第四は，「**人としての尊重**」である。これは「人間の尊厳」ということと，ほとんど同じ意味である。一見，抽象的に見える，

この原則だけは，今までに挙げた三つの原則よりも重要で絶対的基準であり，例外は許されない。

　これを説明しよう。面接者は，どのような技法で，どのような目的で面接を行っても良い。しかし，その面接者の行うことが，「来談者を人として尊重した」ものでなくてはならない。面接の指導を受けていて，「そのようなことをしたら来談者にかわいそうだ」とコメントされることがある。些細なことを言われているように思うかもしれない。しかし，その言葉の意味は，面接者の行為がこの基本原則に反しているという深刻なものである。

III. 面接の実際

1.「分かる」ということ

　面接の重要な課題は，当然，来談者を理解することである。心の相談の特徴は，相談内容が，来談者の「心」，つまり，「生き方」・「存在」そのものと深く関わっている点にある。心を理解するとは，まずは，来談者を「人として」理解することである。

　「どのようにしたら，この人が分かるか」

　これが，心の相談の基本テーマである。しかし，人の心は無限の深みを持つから，全部を分かることは有り得ない。「分かる」とは，心の或る側面を「分かる」ことである。では，何を分かれば良いのだろうか。どう分かれば良いのだろうか。

　人は皆，自分の将来を考える。将来を読んで，何かを信じたり，恐れたり，希望を持って生きる。つまり，面接者も来談者も無意識的ではあれ，未来を読んでいる。それを仮に，未来史と呼ぼう。但し，未来史という言葉は，説明のために私がここで作ったものであって，一般に使用されているものではない。使用には注意されたい。

これを時間軸に従って示す。

生活史 → 来談理由 → 面接経過 → 問題解決 → （未来史）

　原理的には，無限の未来史がある。しかし，その結末は予想以上に単純であり，総ての未来は，個体の死で終わる。総ての来談者の背景に存在するのは，死のテーマである。
　このような大きな構造の中で，二人でストーリーを読み取って行くのである。相談が深まるほど，生死のテーマに近づく。つまり，面接者は生死についての問い掛けを回避することは出来ない立場にいる。

　「分かる」とは，来談理由を受けて，その問題解決へと向かう筋道が分かることである。どう困っているか，何を求めているか，どうしたら良いかが分かることである。このような筋道をコンテクスト（context 文脈），あるいは**ストーリー**と呼ぶ。映画や小説にはストーリーがある。私たちは，そのストーリーを追って良かったとか，感動したと言う。来談理由は「来談者が，なぜ，来談した」かというストーリーである。人生もストーリーである。
　注意すべき点は，ストーリーとは，単に，来談者がこのように言っていたということではない。来談者が述べる話の内容と，観察所見の総てを総合した情報から，来談者の人生の筋道を読み取ったものである。来談者と面接者の二者が話し合い，一緒に考えて，問題解決に向けてストーリーを構成していくのである。

　一つの架空の来談者を挙げよう。以下のケース紹介は，説明のために作ったフィクションである。ケース・レポートの模範例で

はないので注意していただきたい。

　(ケースA氏) 40歳の管理職A氏が，一年来の集中力低下を訴えて社内の健康相談室に来談した。外見からは，現役の活動的なビジネスマンにしか見えない。訴えは，「仕事をしようと思うと後頭部がズキンズキンと痛み，えたいの知れない恐怖感を感じ，思考が停止して考えられなくなる。内科や脳外科を受診したが，異常がないと言って取り合ってくれない」という。どうしたら良いのかも，自分に何が起きているかも分からず，途方に暮れていたのである。来談理由は，「頭痛を伴う集中困難による就労不能であり，当惑状態にあるが，外見からは活動的なビジネスマンに見える」と見立てた。切迫した課題はないので，当面，心理相談を主な援助手段とする方針とした。

　面接者が医療関係者ならば，心気症性頭痛と診断するであろう。しかし，心の相談は，診断によっては解決しない。来談者は生活の不安を持って来談する。まず，来談理由を理解しなくてはならない。つまり，それまでの人生のストーリーを理解しなくてはならない。来談理由を理解するには，それまでの来談者の**生活史 life history** を知らねばならない。それには**家族歴 family history** を理解しなくてはならない。彼は平凡なサラリーマン家庭の一人っ子である。一流大学を出て，一流企業に就職した。そして数年前に，重要な地位に抜擢された。輝かしいキャリアしか見あたらない。

　初回面接では，最低，この程度の情報は得られる。家族歴と生活史と来談理由までのストーリーは，一応，得られる。しかし，何回も面接が続く間に，このストーリーは次々と新しい展開をしていく。その展開が**面接経過**である。

ある時，Ａ氏に，『何故，頭痛が気になるのか』と聞いた。いろいろと連想を述べた挙げ句に，ちょうど，彼が昇進した一年前に，親しかった叔父が脳卒中で急死したことを語った。

叔父は企業人間であり，彼は叔父の薦めで今の職についたのである。しかし，その叔父が過労の中で頭痛を訴えていた。そして急死したのである。Ａ氏は実は叔父のような過労死を恐れていたのであった。頭痛はその恐怖の表現であった。つまり，Ａ氏は華やかな成功とは裏腹に，企業の犠牲になるという恐怖のストーリーを語ったのである。

なぜ，これだけの話に，数ヶ月の期間が必要なのか。実際に，長い時間をかけて語られたストーリーの方が，生活に深く根ざしており，それだけ大事な場合が多い。ストーリーの素材は，来談者自身の心の中にある。しかし，来談時には，ストーリーは，まだ，まとまっておらず，言葉にならない。その全体が一つのストーリーとして組織化されていない。ただ不安と恐怖だけを感じている。

個別的なストーリーが，面接の話し合いで統合され，新しいストーリーが見えてくるまで，一定の時間が必要である。従って，初めは，どのようなストーリーが見えてくるかは，来談者も面接者も知らない。だから，新しいストーリーに触れたときには，両者とも，強く，「意外だ」という感銘を受ける。この意外性とは，どこかに「なるほど」という納得が含まれている。そのような**意外性の体験**に導かれて，ストーリーを読み取っていく。

新しいストーリーを読み取れたということは，新しく分かった部分があるということである。そして，新しく分かった部分があるということは，更に，新しく分からない部分，知りたい部分が生じるということでもある。

『これ程の成功を挙げていながら，過労死を恐れるのみで，少しも嬉しそうではないのは何故』，それが分からないのである。

分からないことは，率直に聞くことである。A氏にそのことを聞いたところ，更に話は展開した。彼は，平凡なサラリーマンの父に満足せず，自分は組織から自由な人間であろうとして生きてきた。そして40歳を境として，自分で独立する計画を立てていた。ところが「皮肉なこと」に，その時に大抜擢されたというのである。実は，この抜擢は偶然ではない。会社は彼を高く評価していたから，辞められると困るので抜擢しただけである。一見，偶然に見えることが，実は必然であった。

独立すべきか，それとも大企業の名声の中で生きていくのか，まさに，究極の選択が迫られた。来談時の頭痛の陰に，投影法のように，A氏の人生選択の悩みが隠されていたのである。

ここに新しい相談課題，多分，本来の課題が出現した。このようにストーリーは，将来に向けて無限に展開する。そして，ストーリーは常に変化し進化する。さて，人生の究極的悩みを前にして，面接者は何が出来るのだろう。この点は後に取り上げる（80頁：VI項の2. 受けとめること）。

心の相談に持ち込まれる訴えは，このように，心の問題とも身体の問題とも受け取れるような，生々しい体験が多い。

ところで，このケースの報告書は，それ自体が人生のストーリーである。

よく見ると，この報告書は，幾重にも積み重なった小さなストーリーから成り立っていることが分かる。面接では，このようにストーリーの展開を読み取っていくのである。生活史も来談理由

も，来談者は日常的な言葉で語る。その背後には，実は，言葉にならない人生上の問題が隠れている。大切な問題ほど言葉になりにくい。本人すら，自分のストーリーを分かっていない。初めのうちは，「分かっていること」と「分からないこと」の区別すら出来ていない混沌とした状態にいる。

2．初回面接

　初回面接はインテイク intake と呼ばれる。来談理由や生活史を聴取する。初回からの数回を**導入面接**にあてる者もいる。まだ，お互いを知らない間は，この聴取は，必要最小限を要領よく，テキパキと行うのが良い。何故，相談を受けに来たのか，つまり，来談理由についての簡単なストーリーを，**構造化された観察**によって読み取るのである。

　インテイク面接は，実は，極めて重要な意味を持つ。来談者は多くの不安を持って面接を受けに来る。自分の本来の悩みに加えて，心の相談をすること自体に強い不安を抱いているのである。これを，**来談時不安**と名付ける。
「面接者は本当に私を理解してくれるのだろうか」
「私の悩みを話すのは恥ずかしいことではないだろうか」
　その不安を初めから言葉に表現できる程に，余裕のある来談者は，ほとんど居ない。その代わりに，来談者は，言葉に出来ない多くの感情を態度で表現する。聴取を行っている間に，面接者は面接室での不安感，緊張感などを感知し，それに対応しなくてはならない。そうでなければ来談者を面接へ導入することに失敗す

る。

　例えば，孤独感の強い来談者が来談し，楽になりたくて，自分の秘密まで強迫的に話し続けることがある。それが痛々しく見えたとき，私は問うことがある。
　『そんなに一度に話しても，私に，どれだけのことが出来るか分からないのですが……。家に帰ってから，話しすぎたと思って空しくはならないですか』
　突然，緊張が緩んで涙を流し，漸く，ゆったりとした穏やかな話し方になる。面接での信頼関係とは，そのように微妙に形成されていく。面接の初心者は，思いもつかぬ感性を要求されたと感ずるかも知れない。

　しかし，必要なのは特殊な感性ではない。来談者の緊張を解いて話しやすい雰囲気を作るよう気遣うだけである。ここで求められるのは，来談時不安という言葉を知っていること，及び，それに対する日常的な気遣いだけである。初心者は初心者らしく，ぎこちなく気遣えばよい。なまじ経験を積んだ面接者が余りに手慣れた気遣いを示すと，来談者は，むしろ，自分の個性を否定されたと感じることすらある。
　「私は，たくさんいる来談者の一人に過ぎないのだ」と不満を持つのである。
　来談者が言葉に出来ない不安や緊張感を抱いて来談することを，知っていることが大事なのである。来談時不安という言葉を知っているから，それをチェックできるのである。感性を磨く前に，要所でのチェックポイントを明確な言葉にして身に付けることが大切である。

それには，系統立った面接を身に付けることが大事であって，系統立っているから見落としやすい点を自己チェックできるのである。学べるものは技法と知識であり，感性ではない。感性については，自分の既に持っているものを生かすだけである。

3．面接のゴール

初回面接の後に，迂路曲折のある**面接経過**が来るが，これは複雑なので，VI項に回す。ここでは，面接のゴールである問題解決のイメージから示すことにした。

（**ケース　B子**）ある二十代の女性患者B子である。彼女はハイティーンの時から，生きることに様々な困難を経験していた。何年もの面接を繰り返し，彼女が回復したときに語った言葉である。これは心の相談のゴールを典型的に表していると思われるので紹介する。

「先生は，あれをしろとか，これをしろとか言わない。でも，見ていてくれる。
　先生に話をしていると，自分の気持ちに気が付くようになる。そのように先生が，話を聞いてくれている。
　だから，自分の気持ちが言葉で言えるようになる。自然に，『自分』がハッキリして，どうすれば良いか，自分の納得のいく考えがでてくる。
　今まで，私は人にばかり頼っていた，でも，結局，やはり自分の考えじゃないと，自分で納得がいかなかった。人に頼っても自

分はごまかせなかった」

　心の臨床のゴールにはいろいろある。
　面接が進むと，来談者は，「自分の気持ちを言葉で言えるようになった」と言うことが多い。「自分」が考え，自分の意見を言っているという実感が出現する。
　「自分」が明確に意識されること，面接者に言われて行動しているのではなくて，「自分」が行動しているという能動感を持てること，つまり，**自己イメージの明確化と自己の能動感の出現**は，心の面接が目指すゴールの一つ，それも典型的なものである。大体において，相談が自然に展開したときは，来談者は，そのように語り，感謝の念を表する。土居は，この変化を**「自分」の意識**が出現すると表現している。
　ただし，興味深いことは，面接者は特別な意見や解釈を言ったという印象は，あまりない。「先生は，あれをしろとか，これをしろとか言わない」と本人が言うのは正しい。そして彼女は，「よく聞いてくれた」という印象だけを持った。
　この体験から，後輩の指導において，「よく聞くように」とだけ指示する指導者がいることは肯ける。そう言われた初心者は，必死に来談者の話に耳を傾ける。しかし，「よく聞いていても旨くいかない」と自信をなくすのである。
　なぜ，そのようなことが起きるのだろうか。考えてみれば，それは不思議なことではないか。問題は，指導者の側にある。面接では，「聞くこと」，「見ること」，「ストーリーを読むこと」，「対等な話し合い」の総てが構造化されており，そこに多くの工夫が含まれている。
　この点を，更に詳しく見ていこう。

IV. 面接で得られる情報

1. 来談理由

　来談者が持ち込んだ問題を，**来談理由**という。来談理由は，1) 本人の訴え，2) 生活史や家族歴など，3) 面接者による観察所見，4) 来談に至る経過など面接外から得られる情報からなる。それらを調べて統合し，面接者が，来談理由は何であるかを総合判断するのである。

　「来談者は，云々と言ってました」ということを，来談理由と考えている者がいる。これは間違いである。何故なら，来談者の言うことは**訴え**である。本人の訴えが，適切に来談者の抱えた問題を言い当てているとは限らない。

　来談理由は，面接者が判断すべきことである。心の相談では，来談者自身が自分の抱えた問題を言葉で表現できないことは，よくあることである。本当の問題からは的はずれな訴えをすることも，珍しくない。来談者の訴えが来談理由と同じではない理由は，少なくとも三つある。

　第一の理由は，「自分で何が問題か分からないから来談した」という場合である。考えてみれば，これは何も驚くことではない。

むしろ，当たり前のことである。本人が，「自分の心について何か問題があると感じているが，それが何か分からない」からこそ，心の面接を受けに来るのである。言葉にならない心の動きこそが，面接者が察知すべきものである。

従って，『切迫感は伝わるが，何が問題だか分からない』と，面接者が感じても不思議ではない。そこで面接者がパニックになる必要はない。その時は，大抵，この印象それ自体が，来談者の気持ちを反映していて重要な所見なのである。従って，どこが，どのように，分からないかを，冷静に記録に残すことが大切になる。

逆に，あまりにも冷静に論理的に来談理由を語る人がいる。それが不自然だと感じたら，もっと深い問題が，どこかに隠されていることを疑った方が自然である。内心で，自殺を決意した人は，それを正当化したいから，極めて論理的に語ることが多い。面接者が不自然という印象を受けたら，その印象を大事にすると，意外な側面が見えてくることが多い。

面接では，面接者が感じたこと自体が，来談者の心を投影する所見である。

第二の理由は，さらに面接者が見落としやすい。それは来談者が，まだ，面接者に「自分の心を開いていない」場合である。初めて会う面接者が，本当に，心を開いて相談するに値する人物であるかを観察し，値踏みをしているのである。それは**来談時不安**の表現でもある。

来談者は，慣れない面接者のように露骨に相手を観察することはない。しかし，彼らの観察は，控えめでありながら，極めてシ

ビアである。自分の人生の秘密を相談するのであるから，面接者への観察眼が研ぎ澄まされるのは当たり前であろう。

　死を本気で考えている人は，来談理由として「死にたい」とは語らない。多くを語らない。ただ，全存在を賭けて面接者を観察し，信頼に足る人物かどうかと判断し，そこから自己の生死の答えすら導き出す。面接者に失望した人は二度と来談しない。だから，当の面接者は，自分が大変な失敗をしていることに気付きにくい。

　第三に，来談者自身が語れないが，面接者としては常に注意すべき，極めて重要な基本的事項がある。来談者が自分の長所，可能性，才能を語ることは，ほとんどない。躁状態にでもない限り語らない。人から見て羨ましいほどの貴重な長所である点すら，悩んでいる人間は，自分の欠点と感じる。長所と短所は常に一体である。そこに本人の個性があり，生き方がある。人は多分，大きな長所も欠点も，天使のような美徳も悪魔のような醜さも併せ持った謎に満ちた存在である。そこに何を読み取るかは，面接者次第である。

　来談者は悲観的訴えのみを語る。その言葉は面接者の心の深くにある自尊心をくすぐる。自己否定的言葉が面接者に与える力は絶大である。一寸，経験を積んで小手先の技法を身につけて満足している面接者は，来談者と比べ，自分の方が人間的優位にいるような錯覚に陥る。来談者の自己否定的な態度に，面接者の自尊心がくすぐられるのである。こうして傲慢な面接者が出来あがる。そうなったら，すでに面接者としては不適切である。来談者の**長所を読み取る努力**を，普段の面接で怠っていた結果である。

　どのような来談者と接しても，彼ら自身が気付かぬ長所・美

点・魅力を読み取ること。

それは面接者に不可欠な技法ですらある。その努力があるから，来談者の可能性を見出せるのである。人と人の出会いは常に対等である，と認めるだろうか。認めるならば，来談者の長所に気付く努力をしない面接者は，最も基本的な点で面接者としての努力を欠いたことになる。長所を見えなくさせるのは，面接者の傲慢である。その時こそ，徹底した自己分析を行うべきである。

来談者の長所を読み取るのは容易ではない。それは面接の極意にも属する事柄である。

従って，初心者は，長所が見つからないからと言って焦らなくてもよい。難しいが大切なことだと心に刻み込んでおくだけで，相手に，その姿勢は伝わるからである。

以上のような理由で，来談理由は，多くの情報から，より総合的に判断しなければならないことが，理解できたであろう。しかし，それを実行するには，どうしたらよいか。

それには，まず，体系的な情報収集が必要である。このように言うと，大きな誤解を招く危険がある。何故なら，とにかく，取れる情報は何でも取っておいて，後になってから，それを統合すれば良いと思うかも知れないからである。それは無理である。実際にそうやって手に入れた情報は，統合不可能だからである。初めから，体系化した観察を身に付ける他にないのである。面接の場で，既に体系的な情報収集が出来るように心掛けるのである。難しい技法である。

それには何をしたら良いかを，次に説明する。

2．構造化された観察

専門的面接では，情報収集そのものが構造化されている。構造化という言葉が分かりにくい人には，体系立っていると言えば分かるであろう。専門家は「聞くこと」，「見ること」という作業によって，主要な情報を集める。その時，見たり聞いたりという行為自体が体系化されているのである。

面接が終わってから情報を統合するのでは，既に，遅いのだ。会う前に，どのような情報を得るべきかというチェックリストを，頭の中に持っていなくてはならない。そして個々の観察所見が，互いに，どのような関係になっているかも，面接室で観察するのである。面接者の知覚が，あらかじめ構造化されていなければならないというのは，そういう意味である。これは，訓練によって学習すべきことである。

具体的に説明しよう。

まず，面接によって得られる情報を，**主観的所見，生活史・家族歴等，観察所見，面接外所見**に分ける。

```
主観的所見　＝　訴え
本人から得られる情報　＝　生活史・家族歴
観察所見　＝　外見（体型，服装，印象等）・姿勢・態度・振る
　　　舞い・表情・話し方（思考形式・感情状態・気分）＋ 徴候
面接外所見　＝　来談経路　＋　紹介状　＋　家族面接など
```

訴えとは，来談者自身が語った言葉である。「集中できない」，「頭が痛い」，「仕事が出来ない」などである。**訴えの主語は来談**

者である。すべて,「私は…と訴える」という意味である。それは来談者が,そう感じたということである。だから,訴えを記録するときには,出来るだけ本人の用いた言葉をそのまま使うのが適切である。来談者の訴えにはいくつもあり,その中でも中心的なものを,**主訴 chief complaint** という。

　観察所見とは,面接者が来談者を観察して得る情報である。正確には,「面接者は,…と観察した」という意味である。つまり,**観察所見の主語は面接者である**。観察所見においても主語は省かれる。
　要するに,観察所見においては,来談者の主観的訴えに左右されることなく客観的に対象を記述するように心掛けるのである。しかし,この時でさえ,観察所見は,観察者の主観からは独立して成立することは出来ない。

　観察所見　＝　客観データ　＋　観察者の主観

　観察所見では客観所見と主観的印象を程良く組み合わせて記録することが重要である。むしろ,対象によって引き起こされた観察者の感情・印象それ自体が重要な所見である。それを観察所見の中に書き残す。「何故か分からないが,極めて,暗くて無気味な」印象を強く受けたとしたら,その印象を記録しておく。記録に用いる形容詞を適切に選択すると,この意味で役に立つ。主観的印象を面接で注意して記録しておくと,初めは気付かなかった重要な所見が次回以降の面接で見えてくることが多い。このように面接では,観察行為においても,自分と来談者の主観を体系的に照合する操作を意図的に行うのである。このような些細な技術

が習得されて、相談行為は深いところで心が触れ合うものとなる。

(エピソード) 臨床観察

　余談であるが、臨床観察が成立したのは約百年前のヨーロッパである。当時、鉄道は新しい交通手段であり、ヨーロッパ各地にレールが張り巡らされた。不幸なことに、それと同時に、鉄道事故が多発した。事故による被害者には、鉄道による外傷と直接、関係がない症状を訴える者も多くいた。神経内科医は、どれが本当の外傷的症状かを同定する所見がないかと、探しはじめた。そこで神経学者ババンスキーは、有名な神経反射を発見し報告した（注：「バビンスキー」は古い書き方である）。この反射は脳障害の存在を証明するものであった。今では、医師ならば誰でもが知っているほどの、大発見であった。それを発表した論文の一行目は、実に、「私は見た」という名言で始まっていた。臨床論文は、「見る」ことへの絶対的な信頼の上に出来上がっていたのである。彼は、自分が観察したものに対して、自分の存在を賭けて責任を負ったのである。

　今では、「私」という主語を用いた科学的論文は殆ど見られなくなった。当たり前の主語は省略される。省略されたものを人は忘却する。観察所見が面接者の主観であることを忘れる。観察者が観察所見に絶対的責任を負うことをも忘れてしまう。そして、観察所見を客観所見と思うようになる。主語を忘れることによって、自己を問うことを忘れてしまう。

　面接所見を記録するということは、自分が面接で得た情報に対して、ババンスキーが表明したと同じ責任を負うということである。

　観察所見には、外見（体型、服装、印象等）・姿勢・態度・振る舞い・表情・話し方（思考形式・感情状態・気分）などがある。これらを観察することが、人を理解する上で大切である理由を説明しよう。人の心は言葉で表現できるとは限らない。特に、来談理由のような複雑な問題では、なおさらである。そこで言葉の背

後に隠されている非言語的な部分を観察し，言葉に記録することで，隠された心の動きを推察するのである。

観察記録と言っても特殊なものではない。ここではA氏を例として，初回面接時の観察所見を記述してみた。どのように記録したら良いか，おおよその見当はつくであろう。

「長身・痩せ形の体型で，面長，髪を短く整えダークスーツを乱れなく着こなし隙がない。一見して，現役の活動的なビジネスマンに見える（注：**外見**）。面接室では，上半身を垂直に保ち，両手を膝に乗せて礼儀正しく座る（注：**姿勢**）。『楽にしてくださいね』というと，微笑んで姿勢を崩す様は洗練された社会人である。面接者の問い掛けに適切に応答し，重要な話題になると，面接者を凝視し身を乗り出して話をする（注：**態度**）。話題に応じて多彩で自然な表情が見られる（注：**表情**）。話し方は，明瞭かつ論理的であり，自分から用意してきた質問を挟むなど自発性も保たれ，双方向的な対話が成立しやすい（注：**話し方**）。対話が不自然に中断することはなく，集中困難の訴えが状況依存的なことを示唆している。話題が主訴である後頭部痛に至ると，突然，深刻な表情となり目を伏せて，『後頭部痛によって，得体の知れない恐怖感を感じ，思考が停止して考えられなくなる』と小声で力なく訴え，自嘲的な笑いを見せる。訴えについて詳しく聴くと，言葉数が減り反応は抑制される。『考えがまとまらない』と当惑し（注：**思考形式**），暗い表情を示す（注：**感情状態，気分**）。

初回面接の観察所見を要約すれば，主訴は原因不明の後頭部痛であるが，面接場面では限定されたテーマでのみ軽度の集中困難と当惑状態が確認できた。このことから頭痛は状況依存性である

と推察した。」

　研修期間中に，必ず，これらを体系的に観察する習慣を付ける必要がある。あらかじめチェックリストを作り，それを覚えておいて観察もれがないようにする。大事なことは，実際に，言葉にして記録することである。この努力によって，面接者の観察が構造化されるのである。繰り返し説明するが，面接が終わって，後になって観察所見の一覧表に書き込むのではない。もっとも，初心者のうちは，ある程度，それは仕方がないことであるが。目的とするところは，チェックリストに挙げた項目の全体が，どのように体系立って組合わさっているかを，実際の来談者を前にして観察するのである。項目全体のゲシュタルトを観察するといってもよい。**体系的観察と記録に残す習慣**は，研修中，必ず，身に付けるべきことである。構造化された観察が出来るようになったときには，あなたのケース・レポートは面白いと仲間に言われるようになるであろう。実は，それは体系化への自己研修が実った証拠なのである。

　この努力は極めて地味だと思う人もいるだろう。そして，やらないで済ましてしまうのである。ベテランになってからでは，もう身に付かない。実際には，この研修はゲーム感覚の面白さがある。発見の面白さがある。特に，ケース・レポートのまとめ方について，集団討論すれば，言語ゲームのような面白さがあり，初心者でも，楽しい意見がたくさん出てくる。

　言語化について，一言，付け加える。来談者の表情を，「暗い」，「憂鬱な」，「緊張した」，「無表情な」，あるいは「苦痛な」と記述した場合に，他の専門家が，その言葉から理解する内容は，全く

異なったものとなる。観察情報の記述には，形容詞の適切な選択が不可欠である。この本の範囲では，ここでは詳細を示すことは出来ないが，Ⅷ項のケース・レポートの実例は，そのように一つ一つの言葉を吟味，討論して作り上げたので参照していただきたい。

　思考形式と感情状態と気分を観察所見に加えた点で驚くかも知れない。思考と感情というと，初心者ほど，本人が語った言葉ばかり記述する傾向がある。本人が語ることは，思考・感情の中身・内容である。思考には内容と形式がある。形式は観察によって理解される。

思考・感情・気分については，内容と形式を区別して記述する。

　実際には，思考の形式は，態度，表情，話し方などから推測するのである。話が飛んでスジを追えない。これは「思路に飛躍」があると記述できる。あるいは，面接室で来談者が外の物音に敏感に反応し集中できない。これを，「注意力の減退」と記述することができる。それは思考の形式を観察したのである。思考の形式的障害は本人が自覚できない場合が多く，それを自分で訴えられないことも多い。そのような時，『周りの音が気になるようだね』と問い掛ければ，本人が注意力障害をどの程度，自覚しているか調べられる。本人が自分で気付かない思考・感情・気分は，面接者がその形式を観察することによって把握できる。

　この他に**面接外の所見**がある。これは面接の場と社会を繋ぐ情報である。来院経路や，紹介状などである。自分から面接に来た

のか，誰かに付き添われて来たのかは，それ自体が重要な所見となる。後者では，来談への動機付けが不充分な可能性がある。特に，他の専門機関，あるいは，他の職種からの紹介状には，本人の重要情報が含まれている。

3．「見立て」

これまで述べてきた生活史や面接所見など面接で得られた総ての情報から，真の来談理由を推定する。これが「見立て」である。「見立て」に応じて，当面の方針を簡潔な言葉で記録する。「見立て」と「方針」については，来談者と話し合い，両者共に納得の行くものにするのが原則である。それが相談活動の出発点となる。この手続きがインフォームド・コンセントである。医師が病気の診断をして，治療方針を立てるのと同じことである。

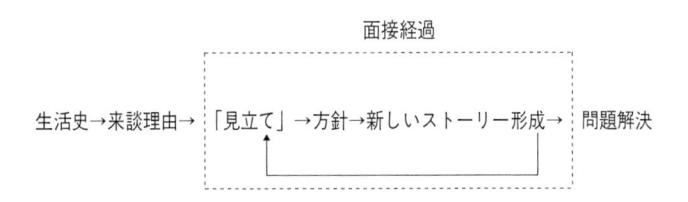

```
                              面接経過
                 ┌─────────────────────────────────┐
生活史→来談理由→│「見立て」→方針→新しいストーリー形成→│問題解決
                 │     ↑                          │
                 │     └──────────────────────────│
                 └─────────────────────────────────┘
```

A氏の例では，「見立て」は，「頭痛を伴う集中困難による就労不能であり，当惑状態にあるが，外見からは活動的なビジネスマンに見える」と記録した。切迫した課題はないので，当面，心理相談を主な援助手段とする方針を立てた。

ここで「見立て」とは，真の来談理由を推定した仮説的なストーリーである。そして面接経過に応じて，よりもっともらしいも

のへと訂正していく。つまり、ストーリーは変化していく。ストーリーが変化するに従って、その都度の方針も修正されていく。これが面接経過である。

(エピソード)「見立て」とは何か？

 大分、前のことであった。「見立て」が重要であることについて、土居先生と、同じく精神科医であり精神分析家である鈴木純一先生が雑談しているところに、たまたま居合わせた。「見立て」という言葉は、診断とは異なる。日本語では良い言葉が見つかったが、英語では何というのだろうか、という話になった。もちろん、diagnosisではない。英語の達者なお二人がいろいろと話し合われた結果、その時は、therapeutic formulation（治療的定式化）ではないかという当面の結論になった。治療上に必要な情報を簡潔に定式化して示すという意味である。英語に比べると、土居先生が取り上げた「見立て」という言葉が、如何に簡潔で的を射たものであったか分かるであろう。日常語への感性は臨床家の質を決定するといっても良いだろう。

 面接では、実に多彩な情報が得られる。重要なことは、得られた情報の間に、つじつまが合わないところ、矛盾したところがあって良いということである。初心者のうちは、面接所見は、総て一貫したものであると思いがちである。

 しかし、矛盾した所見が大事であって、それが見つかったら、そこに重要な問題が隠れていると思って、まず、間違いはない。それは新しい所見へと観察者を導く重要なポイントである。例えば、自殺の話をしながら、乾いた笑い声を出す人がいる。これは一見、矛盾するが、それは背後に、切迫した絶望感が隠れていることを示唆する。

矛盾があるところに，重要な課題が隠れている。

矛盾は，構造化された観察でしか発見できない。
　以上，幾つかの項目に分けて，来談理由を説明した。これを要約しよう。

面接記録は，チェックリストに従って，見落としがないように体系的に記述する。あらかじめ，構造化された観察が出来るように練習する。

(理論) サイン・記号・徴候と実践理論
　医学では，観察所見の中でも特に，病気の原因を探るのに意味ある所見を徴候 sign という。ほぼ，症状と同じ意味である。訴えと徴候は違う。来談者が語ったのが訴え，観察所見が徴候である。「集中できない」というのは主観的な訴えである。訴えの主語は本人である。しかし，注意力障害とは，面接者が観察した観察所見である。その主語は面接者である。つまり，「私は観察した」ということである。医学には，膨大な，しかし，有限の徴候リストがある。つまり注意力障害は，徴候の一つである。集中困難と頭痛のような主観的な訴えでも，医師が，それを徴候として認めた場合には観察所見となる。一人一人の患者に応じて，客観医学の症状リストの中から，複数の徴候を抽出する。その複数の徴候を統合して，症候群，あるいは状態像として記述する。状態像から疾病を同定する。つまり，医学は主観的な訴えから，背後に隠れた疾病へと，自動的に客観的に結論が導かれるように構造化されている。医師自身は，そのことに気付いていなくても，医学的観察は構造化され社会性を与えられている。頭痛という徴候は，医学的には，単なる疲労による血管性頭痛を指し示すかも知れないし，脳腫瘍の初期症状かも知れない。つまり，徴候は考えられる疾病のサインである。但し，徴候が幾ら社会性を帯びているといっても，それ

は疾病診断についてである。医学体系は人間の生き方までは教えてはくれない。精神疾患についても事情は同じである。複数の精神症状は一つの精神状態像へと統合され，精神状態像は他の所見と統合して精神疾患の診断へと導かれる。幻聴と妄想から，急性幻覚妄想状態が同定され，そこに長期経過等の所見が加わって，精神分裂病が診断される。このように構造化された精神疾患の診断は，それ自体が休職・休学診断や精神鑑定という極めて高い社会的要求に耐えられるものとなる。医学的所見は，既に，疾病診断に向けて構造化されているのである。しかし，人間の生き方についての診断学はない。その都度，問題を「**見立てる**」のである。

V. 面接の構成要素

1. 五つの要素

次に，一歩，踏み込んで，面接という方法を要素的に分解して考えよう。心の臨床でいう「理解」とは，単なる客観的観察による情報収集，客観的理解ではない。「見ること」，「聞くこと」，「対等な出会い」，「専門的関係」，「ストーリーを読むこと」。対面法による面接は，これら総ての要素を含んでいる。本項では，まず，要素に分解して説明する。但し，「ストーリーを読むこと」だけは長い説明が必要なので，次項「面接の展開」で取り上げることにする。

面接 ＝ 聞くこと ＋ 見ること ＋ 対等な出会い ＋ 専門的関係 ＋ ストーリーを読むこと

面接者だけではなく，来談者も，面接者を「見て」，「聞き」，「ストーリーを読む」。来談時に彼らが語るストーリーは，来談理由が解決不能であったというストーリーである。これに対して，面接者は問題解決のストーリー形成を手伝うのである。この点で，心の相談とは，極めて，実践的で，創造的な活動である。

面接の五つの要素を分解して、一要素を取り除くことも出来る。例えば、電話相談では、「見る」という要素が除かれる。

フロイトが提唱した精神分析では、今も寝椅子を用いることがある。患者は寝椅子に横たわり、フロイトは頭の上の見えないところに座る。そして患者は、心に浮かんだことを、そのまま語る。患者は被観察者であり、分析者は観察者である。これが自由連想法である。対面法による面接から、対等な出会いという要素を意図的に除いたのである。この方法によって、フロイト自身が来談者から視線を注がれる恐れは回避できた。その結果、生々しい人間同士の出会いの緊張感は失われた。しかし、その代償として、対面法では分かりにくい内部の思考、つまり空想的思考が観察できた、と彼は考えた。

フロイトは対等な出会いという要素を除いた、と述べた。何故、それが可能だったのか。強い信頼関係が両者の間で確保されていたからであろう。信頼できない人の前で自由連想を語るはずもない。

自由連想法の導入にあたって、対面法による巧みな話し合いがあったのだ、と推察する。自由連想法の開発以前に、信頼関係を築く何らかの方法を身に付けていたのだろう。この点は、催眠療法と似ている。フロイトの方法は、もともと催眠療法の延長に生まれたからである。

以上を要約すれば、他の心理学的方法に比べて、関与する要素の数から見ると、**面接法が最も複雑で奥が深い方法といえる。**

面接が複雑ということは、いろいろな方法の中で、面接が一番、優れているというのではない。むしろ、出来れば避けたい程に複

雑だと言いたいのである。常に複数の要素を念頭に入れていないと，面接の進行そのものを理解できなくなる。私は可能な限り単純化してみたが，五つの要素以下に減らすことは出来なかった。いくら単純化しても，これだけ複雑だったということである。

　そして人の頭は，複数の作業を同時，解決するようには作られていない。

　聖徳太子が大勢の話を同時に聞いて，それぞれに答えたという逸話がある。面接では，そのような能力，凡人には不可能に見える能力が要求される。多くの異なった要素に，常に，気を付けなくてはならない。要するに，面接は考えれば考えるほど複雑な技法である。しかし，面接法は総てのサービスの基本にあり，その王道である。残念ながら，それを避けては心の相談は成立しない。

　さらに言えば，面接が複雑だということは，それが他の方法を遥かに超えた極めて優れたものにもなれば，とんでもなく粗雑で，危険なものにもなるという意味である。面接は各分野で，余りに日常的に行われているので，難しさに気付きにくい。その難しさに気付くことが，専門家への第一歩だと言って良い。

　私たち凡人は特殊な才能を持っていないので，チェックポイントを作り，構造化した観察眼を訓練で身に付け，体系的な記録を残すように訓練するのである。この本で，太字で書いた部分の多くは，そのようなチェックポイントである。それを参考に，自分のチェックポイントを作ると良い。

(理論) 面接の理論
　ここでは仮に，面接を見ること，聞くこと，対等な出会い，専門的関係，ストーリーを読むことという五つの要素の足し算で表現した。

この数式を奇異に思われる人は,論理的思考の得意な人であろう。その人のために補足する。ここでは面接の理論を考えるために,一種の理論空間を想定したのである。その空間では,これら五つの要素は,それぞれが,$A(a1,a2,\cdots,am)$,$B(b1,b2,b3\cdots,bn)$,$C(c1,c2,c3,\cdots,cx)$,$D(d1,d2,d3,\cdots,dy)$,$E(e1,e2,e3,\cdots ez)$という多次元のマトリックスから成ると理解すれば良い。重要なことは,生きた情報は,本来,無限の次元を持っていることである。無限性から有限なストーリーを読むことは難しい。そのために有限な理論空間を想定するのである。面接理論の詳細は後に述べる。

2. 聞くこと

　ここで「よく聞くこと」について考えよう。面接の入門者は,必ず,話を「よく聞くこと」が大切と教わる。そんなことは言われなくても分かっていると言いたくなる程である。しかし,実際に自分が相談に乗ってみると,そうはいかないので驚くことになる。相手は生きた人間であり,聞き手にとって話し手は,自分の思い通りにはならない抵抗として存在する。そして,「よく聞く」とはどういうことかと,思い悩むのである。

　B子の例では,「よく聞いてもらう」ことによって,自分が明確になったと感謝している。重要なことは,「**ただ聞くこと**」が良かったと言っているのではない点にある。話の聞き方に特徴があると言っているのである。「自分の気持ちがハッキリするように聞いてくれる」と言っているのである。これが「よく聞く」ということの内容である。
　聞き方にはいろいろあり,そこにこそ技法があり,専門性があ

る。要するに,「よく聞く」ということは,専門家が,長年,経験的に身に付けた,ある種のパターン,あるいは技法に基づいているのである。名人芸と思われがちな,この部分を,分析してみよう。それには,「よく聞くこと」が出来ていない場合から考えると分かりやすい。

第一に,「**先生は話を聞いているだけだ**」と不満を述べるケース。

面接者が初心者の場合,この不満は極めて多い。しかし,それはベテラン面接者でも経験することなので,単なる未熟さによるものではない。この時,来談者にとっては,面接者が共感のない冷たい人に見えたり,手応えのない頼りない存在に見えたり,問い掛けから逃げている狡猾な人間に見えたりしている。

要するに,面接者に他者としての手応えを感じられないので,来談者が不満なのである。自分の目の前に,生きた人間が居て,自分の悩みを共有しているという実感がないのである。頼れる相手がいないと感じている。面接者と来談者の間に,共感が成立していないと言っても良い。面接で孤独感を味わっているとも言えよう。

しかし,共感能力を磨けばこの不満が後退するという,簡単な話ではない。特に,初心者は,面接は「よく聞くこと」と教わるが,「**よく聞くこと**」と「**ただ聞くだけ**」との区別を教わらない場合が多い。だから,自分の未熟な意見を言わないように我慢して,一生懸命,「聞いている」のである。一見,先輩の面接を真似るのである。

その結果,面接者の人間性,個性,考え方,人としての持ち味,優しささえも,面接の中で表現されなくなる。そうなると,他者

が居るという手応えが失われる。そして来談者の眼には、ただ萎縮した面接者だけが映る。このようなときに、来談者は、一人で話しているような孤独感を体験するのである。

　初心者は「聞くこと」の中で、どのように自分を表現するべきかが分からない。
　面接者は、あまり喋らない方が良いというのは、一般的には正しい。しかし、来談者の前で自分を表現するのが怖い。それが前景に出るから、「聞くこと」が、面接者と二人で一緒に考えたという実感を与えない。
　「よく聞く」という印象は、そこに他者が居るという抵抗感が感じられて初めて成立する。面接者としての心の動き、考え、手応え、比喩的に言えば面接者の心臓の鼓動を、来談者が生々しく感じているときである。
　そこには、人としての手応えが重要なのである。打てば響くように人が聞いている。その手応えがあるから、「聞くこと」が二人で一緒に問題解決しているという実感を産むのである。それは、どのようにして可能なのだろうか。

　第二に、「**先生は詰問しているようだ**」と苦情を言うケース。
　面接者は、相手のことを分かろう、理解しようと思って、一生懸命に「よく聞いている」つもりで、細部にと切り込んでいく。心の世界に切り込めば何か答えが見えてくると考えて、心の観察に熱中し、情報集めに躍起となる。この面接者の姿は、タマネギの中に何があるのか、と必死に剝いている猿に似ていて滑稽である。剝けば剝くほど、分からなくなる。
　この場合は、心という秘密の領域に性急に入り込もうとする面

接者の無礼に，来談者が異議を申し立てているのである。心には人知れぬ深みがあることを，それに接するには慎重な配慮が必要なことを，この面接者が知らないことに，来談者は腹を立てているのである。

　これは「聞くこと」よりも，情報収集が勝ってしまったのである。面接者が，単なる観察者になっているのである。偏差値教育の弊害であろうか。結果として，来談者の自己が圧迫感を感じて，危険だ，苦しいと叫んでいるのである。このような面接者は，「聞くこと」が無際限な行為であることを知ることが，まずは大事である。明確な答えを求めて熱心に聞けば聞くほど，分からない部分が出てきてしまう。だから，「問うこと」が無際限になって，止められないのである。

　その結果，相互に聞き，問う，という，面接の持ち味が消えているのである。

　第三に，「**先生に支配されてしまう**」，さらには「**先生にマインドコントロールされている**」，と批判するケース。

　この場合，よく聞こうとしただけ，ある種の共感的関係は出来ている。正確に言えば，感情は通っている。しかし二人の考え・感じ方は一体化している。面接者と来談者の区別が消えている。一体感だけでは自分を失う恐怖感を生むのである。

　「面接者との適当な距離感が保てない，自分の考えが持てない」と訴えているのである。面接者が共感のみに頼り，あまりにも慣れなれしく，自己と他者の間で保つべき節度を越えているのである。面接者といえども，他人から見れば，基本的には，「不気味な他者」でもあることを，面接者自身が忘れているのである。

　対等な出会いとは，自分と他者の出会いとしての節度を保つこ

とでもある。

　以上を要約すると，来談者が「よく聞いてくれた」と言うときは，第一には，そこに面接者が存在するという生々しい実感がある。ここで話は，人と人との出会い，自己と他者の問題に踏み込むことになる。

　自分が話をしているときに，「私は」という言葉を誰でもが使う。その時に「私」という言葉が指している対象を，以下では「私」というカッコ付きの言葉で表現する。それは，主体という言葉に近い。自我という言葉は，「私」を外から客観的に見た言葉として使われることが多く，人の内面を考えるには，あまり役に立たない。

　よく聞いていれば，来談者が感じていることを，面接者も同じように感じているという実感は生じてくる。「私」はこのように感じ，「あなた」は違うように感じているというのではない。二人一緒にまとめて，「私たち」はこう感じている，という実感が生じる。
　この時，当事者の二人は，「私」と「あなた」が別々だとは感じていない。自己と他者が一体と感じている。**一体感**を感じている。共に感じているのであるから，日本語の**共感**という言葉が，この感じを良く表している。

　第二に，「よく聞いてくれた」と言うとき，一体感があれば充分かというと，そうではない。そこには，「話し手」と「聞き手」が別の存在として感じられていなくてはならない。「私」と「あ

なた」が適度に分離して感じられていなくてはならない。自己と他者の間に**距離感**を感じている，ということもできる。

　さて，以上を要約する。共感ばかりであっては，いつまでも，「私たち」から抜け出せない。自分が感じられないし，そこに他者がいるという手応えもない。「一人ぼっち」ではなくて，「二人ぼっち」の孤独感が生ずる。逆に，あまりに距離感が遠く感じられると，本当に，「一人ぼっち」になる。付かず離れずの，適当な距離が必要なのである。自己と他者としての節度が，必要なのである。

　つまり，「よく聞くこと」とは，聞き手と話し手の間の，共感と距離感がほど良く混ざり合った，節度ある関係によって支えられている。この関係が，実は，後に取り上げる**対等な関係**によって可能になるのである。

（理論）共感とは何か

　心理学用語としては，共感はドイツ語のeinfühlen，英語のempathyの訳語とされる。混乱を生じやすい言葉である。何故なら，これらの欧語には，「中へと（ein）」，「感じる（fühlen）」という意味がある。元々，「私」と「あなた」を別の存在と前提した上で，「私」が他人の中に，「私」の感情を投げ込み，そのことによって，「他者を分かる」というニュアンスがある。だから，「感情移入」という訳語が与えられる。自他分離を前提として，共感を論ずるのである。

　一方，共感という日本語は，「私たち」という共存在を巧みに表現している。自他分離の上で用いられる感情移入とは，随分と異なる。しかし，日本語の共感には，意志とか理性とか距離を表す要素が欠けやすい。ベタベタした関係になりやすい。この点，欧文の心理学用語を翻訳するには，かなり注意しないと基本的なミスを犯すので要注意

である。

　本来の共感と語源的に似ているのは，むしろ，consent という英語である。これは，「共に (con)」+「感じる (sentire)」という意味を持つからである。ただし，この言葉は，インフォームド・コンセントというように，「説明と同意」と訳されることが多い。これは心の相談においても，専門家が従うべき倫理的原則として用いられる。このとき，「説明と共感」と訳したとすれば，倫理学が極めて人間的なものに感じられて来るであろう（臨床人間学：精神障害とインフォームド・コンセント．新興医学出版社）。

3．問いを立てること

　構造化した観察，節度ある関係，それだけでは「よく聞くこと」は成立しない。面接とは話し合いである。一方が話すのではない。お互いが対等に話し合うのである。しかし，実際には，この話し合いは，日常的なものとは違った特殊な形を取る。

　もし，熟練した面接者が面接の間，ほとんど何もいわず，じっと聞いていて，これこそが重要だというところだけ，一言，『もう一度，そのことを繰り返してくれないか』と問うたとする。それが本当に的を射ていたならば，来談者は，他のどんな言葉よりも重い手応えを感じるであろう。「よく聞いてくれた」と感じるであろう。

　面接者が他者としての手応えを与えながら，しかも相手の思考を妨げないで済むのは，このような方法によってである。上記の面接者の簡潔な問いの意味を，第三者が問うならば，それで一冊の本が出来上がるであろう。面接では，一つの問いの中に，専門理論，経験，技法の総てが凝縮されているからである。

適切な問いを立てることは，面接の重要な技法である。

　どうすれば，適切な問いを立てられるのだろうか。
　問いを立てるには，まず，面接者が仮説的なストーリーを持っていなくてはならない。
　現在の問題はこのようであろう，というストーリーを，仮説として持っていなければならない。言い換えれば，何が問題かについて，「おおよそ」の見当が必要である。その見当が，その時点でのストーリーである。その時点で面接者が来談者について感じていることを，明確な言葉に出来ればよいのである。重ねて言うが，初心者は，「何が問題か分からない」と当惑することが多い。ここでパニックになる必要はない。この場合，面接者が困っているということが，重要な所見なのである。それを言葉にして聞けばよい。

　『あなたが何を困っているのか，ハッキリと伝わってこない。あなた自身も，何が問題か分からないのでしょうか。それとも，私に分かるように，説明できますか』

　このように問えば，何らかの新しいストーリーは得られるであろう。「私自身何が問題で，こんなになっているのか分からないのです」と，応えるかも知れない。その場合，面接者は，その来談者が自分を見失うまでのストーリーを聴取することになる。しかし，そのストーリーには不完全な部分がある，つまり仮説である。その答えは，さらに来談者の答えを聞かないと分からない。だから，「問う」のである。このように「よく聞く」ということの中には，「適切な問い」で相手に問い掛けることが含まれてい

る。

「よく聞くこと」 ＝ 構造化された観察 ＋ 対等な関係
　　　　　　　＋ 問いを立てること

　「分からない部分」が明確でないと，問いは立たない。重要なことは必ずしも，来談者本人が，自分では問いを立てることが出来ないことである。従って，面接者が問いを立てることは，それ自体が，来談者本人の洞察を促すことになる。

　前述のA氏の場合，『これだけの成功を収めながら，少しも嬉しそうでないのは，何故』と問うた。A氏は，その問いがあまりにも意外であったらしく，一瞬，ハッとして，しばらく考え込み，「実は，私は仕事を辞めるべきかを考えていたのです」と語り始めたのである。
　面接者の問いが，来談者の重要な秘密，語ることが困難な秘密の所在を指摘していたのである。来談者は，その秘密が症状に関係しているとは気付いていなかったので，その問いを，「意外だ」と感じたのである。このようにして，両者の間に人間的交流が生じるのである。適切な問い掛けによって，一瞬の，しかし，深い人間的交流が生じるのである。

　ただし，面接者が或るストーリーに思い当たったとしても，それは常に仮説的である。
　本人が，「なるほど，その通り」と思ったとき，当面のストーリーが決定する。このようなやり方で話し合いをするから，来談者の中に自然に自分のストーリーが生まれてくる。そして，自分

の考えが，まとまったと感じるのである。

　自然に問い掛けた場合には，そこに面接者の考えがあるとは，来談者は気付かない。それほど自然に，本人の思考に添って解釈が行われる。初心者には，『……と解釈できる』という素朴な文型を取る者もいる。これでは来談者の知的関心を引くだけで，心の中まで響かない。

　こうしてストーリーは，二者関係の中で育っていく。だから，話し合うことによって，来談者は自分の考えが明確になると感じるのである。そして「自分がハッキリする」と感じるのである。

　「よく聞いてくれる」という実感を来談者が持つときには，些細な問いが縦横にめぐらされた会話が成立している。来談者の話の邪魔にならないように，要所で，新しい問いを立てる。その問いの**意外性**こそが，他者が共に居るという手応えである。こうして，すべての問いが，一つの仮説的ストーリーをめぐって構造化され，一つの大きなストーリーへと結晶して行く。面接者が，体系的な観察に基づいて，問いを立てるのである。**問いが構造化されているから，来談者は，心の構造が見えてくると感じる**。来談者は，悩みがハッキリとした形に見えてくる。だから，「自分で考えられる」ようになったと感じる。

4．見ること

　「聞くこと」と「見ること」で気を付ける点は，同じである。つまり，面接者は来談者を見る。来談者も面接者を見る。どちら

の観察眼が鋭いかは，大抵，良い勝負である。面接者は構造化した観察を身に付けている。視覚，聴覚，感情，思考，勘を総動員して，相手を分かろうとする。従って，「心で見る」，「心で聞く」などと表現する。

　面接者が見るという時には，大きく二つの意味がある。それは，冷静な観察者として見ることと，対等な他者として見ることである。来談者が，専門家として鍛え上げられた冷静な観察眼を持った面接者を求めるのは，当然である。そうでなければ，自分を助けられられないと思うからである。しかし，それだけではない。人は困難な状況では，自分を見守ってくれる他者を求める。B子は「先生は，あれをしろとか，これをしろ，とか言わない。でも，見ていてくれる」と表現した。この時，面接者の視線は単に冷静な観察者の視線ではない。来談者を見守り，危険があれば，アドバイスを与えるために見ているのである。来談者は，面接者の「見守る眼差し」を感じているのである。

　　見ること　＝　客観的観察　＋　見守る眼差し

「見ること」には冷静な観察と「見守る眼差し」が二重に含まれる。この点は，後に，面接の展開の第一段階と第二段階として説明する。

　（ケース　C君）私が面接について学び始めた頃の，冷や汗ものの体験である。19歳の男性との初回面接である。C君が椅子に座るなり，彼は，私の目を凝視したまま，ほとんど瞬目すらしない。人と会うことを病的に恐れる人だと知っていたから，この行動は予想しなかった。私は戸惑った。そして，私の視線も彼の

眼に釘付けになった。単に，面接者として，相手から目を逸らしてはいけないと思ったのである。

その面接は，二人が相手を「見る」だけで，ぎこちなく終わった。あたかも相互に相手の網膜まで見透かそうとするかの如くであった。「見られる」者がいない場というのは苦痛なものである。

今から思えば，やはり，彼は見られることを恐れていたのであった。そしてまた，初心者の私も自信がなかったから，見られる立場にいるのが辛かったのである。面接が対等な出会いだという意味は，来談者もまた，「見る」存在であるということである。見られる苦痛に耐えられるのは，健常者である。今，私の面接では，私が来談者を見る時間よりも，来談者が私を見る時間の方が遥かに多い。むしろ，「見られる」不安を持つのは来談者だからである。少しでも，来談者にとって，面接の場が居心地の良い場になる方が良いのは，当然のことだからである。私としては，時折，一瞬，相手を見れば，それで充分である。専門家は相手を見るのに，単に視覚に頼るのではなくて，「心の眼」を使うからである。

来談者が，「見ていてくれる」というとき，彼らは既に「自分を知ること」，つまり自己観察が必要であることを知っている。しかし，自己観察をするのは難しいので，信頼している面接者が共同の観察者の役割を負ってくれることを，期待しているのである。

(理論) 科学者の観察，面接者の観察

フロイトの時代には，「見る」とは，まず，臨床観察であった。それは本来，客観科学における「観察」という方法を，人間に当てはめ

たものであった。つまり、客観科学的観察では、観察者の主観から独立した対象を想定し、それを一方的に観察する。この時、観察者の主観は、冷静な観察を歪める誤差因子とされた。比喩的に語れば、客観科学は、上空から眺める澄んだ眼差し、絶対的な視点があると仮定した。その眼差しは、個別の観察者を超えた絶対的な客観的眼差し、いわば神の視線であると、科学哲学者の村上陽一郎先生は指摘している。

この時代になって、改めて分かったことがある。客観科学的観察と、心の臨床における観察には、決定的な相違点がある。人は自らが「見る」主体でもあるからである。観察することを止めた人間はいない。露骨に観察されることを、好む人もいない。面接の場では、そのような生きた他者がいる。来談者とは、面接者を観察する「無気味な他者」でもあるのだ。

客観科学的観察では、この意味での他者、主体としての他者は見えない。面接における観察の特徴は、観察すべきは来談者のみならず、両者の関係そのものである。かつ、面接者の自己でもある。つまり、来談者にとって面接者は、どう見えるのか。二人の関係は、外部者から、どう見えるのかを観察する。比喩的にいうと、心の相談における観察は、観察者をも含めた二者関係を、二者関係の外部から観察する試みである。その観察点を比喩的に、面接室の天井であるという人もいる（神田橋條治：精神療法面接のコツ．岩崎学術出版社，1992）。天上の視座であるという人もいる。ちなみに、私は、その視点が面接室から天上まで浮動して動いていると感じる。

私は、このように自己の視覚から離れ、外在し、浮動する視座を、**匿名的観察者**の視座と呼ぶ。この第三者的視点は、客観科学的観察において想定される天上の視点と、よく似ている。但し、面接で観察される世界は、脈を打つような生きた世界である。その生命的世界では、自己の視点は、もはや自己の身体に限局されることはなく、その世界の何処にでも、自由に行くことが出来る。

要するに、面接者は何処か二人の外部に観察点を想定する。そのような視点を仮定すると初めて、面接で起きていることが見えてくる。そこで生じてくる多くの困難が、何故、起こるのか分かりやすくなる。

面接者としては、そのような匿名的観察者であることを心がければよいのである。しかし、人が自分の眼を離れて、自分の身体の外部から自己と来談者を見ることが、本当に可能なのであろうか。それには、一種の幽体離脱が必要だといわれたように聞こえないだろうか。「論理的に不可能」として否定すべきなのだろうか。しかし、このような視座の重要性は熟達した面接者の書には、しばしば記述されることである。すぐれた芸能家、スポーツマンの体験には、これに類するものが多い。世阿弥が書き残した「離見の見」は、その典型である。この点については前田重治先生のすぐれた面接解説書がある（「芸」に学ぶ心理面接法．誠信書房、1999）。

　匿名的観察者とは実際の網膜の知覚ではなくて、自己の身体を超えたものである。平凡な言い方をすれば、「心の眼」である。そのような視座が生々しく体験される瞬間が、面接にはある。後に述べることであるが、匿名的観察においては、面接者と対談者が「一緒に見る」という体験が可能になる。そこに生ずる「見守る眼差し」とは、人間的なつながりが、その本体である。

　次に示すケースでは、観察した内容が単純なサポートにつながる、簡単な例である。

　（ケース　D婦人） 母と子の二人暮らしである。精神科受診し、深刻な話をしていたのに、唐突に乾いた笑い声を発する。奇妙に感じたので、『なぜ、笑うのか』と本人に聞いても、説明できない。しかし、注意して観ていると、その笑いは、「自殺したい」、「子供と心中したい」という特に深刻な話しの時に表れることが分かった。私は、それを絶望の表現と理解した。深い絶望が苦渋の表情で表現されるとは限らない。深い絶望の中にいる本人は、それが絶望感だとすら自覚できない。そして絶望が苦しいのは、絶望の中に、一分の希望が宿されているからである。

観察によって得られた印象を，本人と話し合うことが大事である。『あなたは，あまりに絶望的な生活だと感じているのですね』と，私は聞いた。その後，具体的な困難が一つずつ語られるようになった。服薬法すら理解できない人であることが，漸く分かった。そのことを口にすることすら，恥ずかしかったのである。

　それが分かって，面接の場で，錠剤を一回毎にまとめてホッチキスで留め，マジックインキでメモを書き加える等の作業が続いた。後に，本人は，このことを大変，感謝した。面接で必要なのは，言葉だけではなかった。事実，このころから相談は要点を得たものとなった。本人は出来ないことが，あまりにも多すぎて，どんな助けが必要かも訴えられず，助けて欲しいとも言えず，全くお手上げ状態で，ただ，面接の場に来ることだけが，唯一の求助行動だったのだ。生活能力が低下している者の相談では，特に，このような点での配慮が必要となる。

　要するに面接法では，態度や表情という非言語的なものから，絶望感などが直接，読み取られる。来談者が自ら問題を語れないのであれば，その絶望感を読み取るのは，面接者の仕事になる。そしてその都度，その人間と関わる，何らかの工夫をしなくてはならない。工夫とは，出来ることはしてあげるという常識的なことでしかない。言葉だけが面接での武器ではない。

5．対等な出会い

　私たちの住んでいる社会では，人と人とは対等である。お互いに，「見て」，「見られ」，「聞いて」，「聞かれ」，「問うて」，「問わ

れる」というお互い様の関係を保っている。これを対等な出会いという。分かりやすくいえば、人間は皆平等だ、ということになる。

このお互い様の関係を**相互性 reciprocity** という。相互性の関係では、目の前に現れてくる人は、自分の単なる観察対象でなく、思い通りにはならない、一人の人である。だから、余り馴れ馴れしくないように一定の距離を保つし、礼儀も守る。日常生活で、手応えのある他者、例えば、尊敬する先生に出会ったときに、緊張感を感じるであろう。他者に出会って圧倒されることがある。その時に感じた圧力のようなものが、他者の力である。

他者は「私」にとって、力として、抵抗として出現する。「私」の思いのままにはならない事実は、そこに他者がいることの証明である。他者としての来談者は、面接者が正しいと思っていたことすらも覆す力を持つ。それが他者の力である。来談者を観察対象とのみ見て、その力を初めから除いてしまえば、他者理解は表層的になることを避けられない。ここにこそ、他者理解のポイントがある。

逆に、初心者の素朴な面接が、ベテランすら対応できなかった来談者に、予想外にうまく行くことがある。ビギナーズラックといわれるが、そうではない。その初心者は、自分が初心者であることを率直に生かしているのである。自分の誤りを認めることが出来る、初々しい初心者らしい態度に、来談者が共感しているのである。

経験を積んだ者は、そのことを、しばしば忘れてしまうにすぎない。『また、同じようなケースだ』と思ったとき、既に、そのケースの個性は見失われる。ここでは、初心者から、ベテランが学ぶべきなのである。いつも、私が反省させられる点である。人

と人との出会いにおいては、総てが新しく、個々の出会いが一回限りであり、新しく来たケースに関しては、誰もが、初心者なのである。

　面接者と来談者との関係も、このように日常的出会いの特性を持っている。
　つまり、**面接とは、社会での人と人との複雑な相互関係から、来談者と面接者の二人の関係だけを切り取ったものである。**
　従って、面接での二人の関係にも、相互性がある。つまり、来談者に出会って圧倒されることがあるのも、自然なのである。相互性とは、来談者が考えることが、面接者よりも正しいことがあるという、当たり前の意味でもある。来談者を分かることを、「他者理解」と呼ぶ理由は此処にある。面接では、面接者が一方的に来談者を観察すれば真実が把握できるという、単純なものではない。来談者がいうことの方が正しいときは、それに気付かなくてはならない。専門家という気負いがあると、意外に、相手が示す真実性を見落としやすい。それには、面接者が来談者と接して感じる重さに気を付ければよい。重さを感じたら、それは、対等な人がいるという感覚であり、他者の力を感じているのである。つまり、来談者から圧力を感じることが出来るならば、相手の方が正しい点に気付くことも出来る。来談者の話の正しい点が分かれば、それだけ心の深い話を聞くことも出来る。

　面接が、社会での普通の人付き合いの一部だという点では、面接者の方が人生のベテランとは限らないし、勿論、説教する立場にもいない。二人が会ったときには、自己紹介もするし、普通に挨拶もするし、不快な印象を与えないように服装や髪型にも気遣いする。同時に、面接者だからといって、来談者のわがままを、

日常的範囲以上に我慢する必要はない。来談者のわがままにジッと耐える面接者がいるが，それでは節度ある関係は保てない。初心者が勘違いしやすい点である。面接者が耐えねばならないのは，来談者のわがままではなくて苦痛を共有する重さである。

むしろ面接者が見落としがちなのは，来談者が面接者に対して向ける，気遣いである。

来談者の気遣いは，初心者が予想する以上に繊細である。「最近，先生，疲れていませんか」と気遣い，早めに席を立とうする人もいる。『これが仕事ですから，遠慮しないで下さい』と答えないと，遠慮して来なくなることすらある。

ここでは「**不在の他者**」について説明する。初めて聞く人にとっては，変わった言葉かも知れない。まずは，他者の在り方を，現前（目の前にいること），不在，非存在と三つに分ける。それぞれ，好きな人と一緒にいること，好きな人と一緒にいられないこと，好きな人がいないことと例示しよう。大変，違うということは，誰でも分かる。このような重要な心理は，面接理論から除くわけにはいかない。

面接室では，面接者と来談者の二人は，いつも「あなた」と「私」として，目の前に現前している。一方，その場に物理的にはいないにもかかわらず，強い影響を与える他者が「**不在の他者**」である。家族や友人など来談者に大きな影響を与えている他者は，通常，面接の場にはいない。面接者にとっても，自分の指導者は，面接に大きな影響を与える「不在の他者」である。面接の場には，時に応じて多彩な「不在の他者」が登場する。そのお陰で，面接室は，あたかも多くの人たちの心が充満した世界のように，時々刻々と多彩に変化する。この表現が理解できる人は，

既に，面接にかなりの経験を積んだ者であろう。初心者は，いずれ，そのように感じるときが来るので楽しみにして待つとよい。要するに，面接では，いない人との関係を話し合うのである。

面接とは，面接者と来談者の二者関係から，「不在の他者」を扱う技術である。

過去の心理学では，不在と非存在の違いを，どう扱ったのだろうか。行動主義心理学では「見えるもの」のみを取り上げたため，この区別はない。この点に鋭敏だったのはフロイトであった。彼は面接の場に強い影響を与える「不在の他者」に気付いており，その影響力を転移と名付けて，深い関心を示した。

以上に述べたような出会いの特徴は，日常的な対人関係と大きく変わったところはない。しかし，面接を特殊なものに見せているのは，面接者と来談者が対等な出会いであるだけではなくて，もう一つ重要な要素が加わるからである。それは，**専門的な出会い**である。

(理論) 自己と他者の出会い

対等な出会いとは，人と人の出会いの構造を指す。ここで自己には，二つの側面を想定している。第一には，「私」にとって自己は一つしかない。「この私」しかいない。この意味では「私」は見る人であり，他者は私が見る対象，操作する対象，モノでしかない。この点では，「私」は世界の支配者であり，絶対的孤独と全能感を感じている。これを**独我的自己**と呼ぶ。「私は太陽だ」といって，その「孤独な全能感」を表現した人がいた。読者も，その絶対的孤独感を理解できるであろうか。なお，これは元東大教授の臺弘先生が三十年以上前の講義

で私が教えていただいた時の，印象的な精神分裂病の一例であった。今，そのノートは大事に保存してある。

　第二に，自己と他者の出会いは，それでは留まらない。他者は「私」が意味付けることの出来ない抵抗として，「私」の力の及ばない何ものかとして，「私」の世界に生き生きと出現する。これを「不気味な他者」と呼ぶ。他者とは，「私」の意識から見れば，いかなる対象化の努力をも超えた，不可解で達し得ない，「無気味さ」として出現する。逆に，面接者が来談者を観察対象としたときには，来談者は対象化され，モノ化する。そこに客観的観察によって対象化された自我像が産み出される。そこには，生き生きとした，生きた人間の姿はない。

　面接でパニックになった初心者の姿を思い浮かべて欲しい。他者とは，「私」を凝視し対象とし，モノと化する他者の視線であり，私を脅かす他者の声である。「私」を圧倒する力である。そこに紛れもなく他者がいると感じることを「無気味さ」と表現したのは，ハイディッガーであった。ただし，人が無気味と感じたところに，最も人間的なものが在ることを，フロイトは明らかにした。彼の「無気味さ」についての論文がそれである。フロイトの著作には，他者の出会いが生き生きと描かれている。しかし，来談者を対等な他者として捉えるという理論化を，彼は行っていないだけである。

　来談者に，**他者の抵抗**を感じたとき，その抵抗感は，そこにこそ他者がおり，面接者こそが問われていることを示す，サインとなる。面接者の「私」にとって来談者が他者であるように，来談者にとってもまた，「私」は，不気味な他者である。要するに，自己と他者の関係は，相互に置き換わるという意味で**相互性**を持っている。これを**相互的自己**と名付けよう。独我論的自我と相互的自我のダイナミズムを見なければ，面接でのダイナミズムは理解できない。

　自己のこの二つのあり方，つまり，「私」と「あなた」のダイナミックな関係を，自分の体験に照らし合わせて，明確に意識できるであろうか。共感が成立するのは，このダイナミズムの中である。もし，そのダイナミズムが自覚できるのであれば，二つの自己を観察してい

る観察者は誰なのかと,考えていただきたい。

　人の中には,如何なる自己をも対象化し観察する,もう一人の自己がいる。決して対象とはならない自己,知覚し,観察し,判断し,行為する主体としての自己,それでいて他者と共感しあう自己,静かで冷静な自己,対象化できず名付けることすら出来ない自己。それを,**匿名的自己**と呼ぼう。先に匿名的観察者と呼んだのは,これである。

　前述のB子の場合には,ちょうどB子と面接者の匿名的自己が,共に並んでB子の生活を観察し,あたかも二人で他人のことを話し合うような関係になった。このように「一緒に見る」という関係こそが,共感的な関係だった。

　それは,あたかも二人の視点が面接室の天井や生活の場の高いところから,世界を見渡しているような体験であった。面接が自然に進行し,共に問題解決に向かうときになると,このような関係が生じる場合が多い。後に,面接の展開で第二段階と呼ぶのは,このプロセスを指す。

　　「私」＝（独我的自己　＋　相互的自己）＋　匿名的自己

　本書では,自己を,孤独な独我的自己と相互的自己のダイナミズムから捉え,その背後に匿名的自己があるという構造を想定したのである。

6. 専門的関係

　面接は,人と人との対等な出会いである。しかし,それが面接者と来談者の関係の総てではない。来談者は,専門的知識と技術を求めて来談する。要するに,面接者は専門家という役割を果たさなくてはならない。

専門的関係を分かりやすく説明しよう。面接者は来談者を，「Aさん」，「Bさん」と実名で呼ぶ，来談者は面接者を「先生」と呼ぶことが多い。これは来談者が専門家としての役割を負わされていることを意味している。入門者が「先生」といわれて，慌ててしまうことがある。自分の中に専門性が出来上がっていないから，不安なのである。つまり，面接者と来談者の関係は，対等な出会いと専門的関係が，二重に重なって出来ているということになる。

　面接の関係　＝　対等な出会い　＋　専門的関係

　専門性は，一定の経験と理論で裏付けられている。心の専門家であることの困難さは，自分の行う面接の拠り所を，何処に求めるかにある。見ること，聞くことの隅々まで構造化された観察，ストーリーを読む技法，多くの専門理論・技法を熟知していることが求められる。しかし，それだけでは不十分である。人が生きることについて，来談者に負けない程度には探求する姿勢がないと，彼らの話については行けない。

　面接者は，何のために心理学的な専門知識を学ぶのだろうか。専門知識は，面接者と来談者が二人で歩むであろう，長い旅立ちのガイドブックである。その旅は，予想を超えた未知な体験であり，意外な困難が待ち受けている。来談者と面接者は次々と新しいものを見る。その時，役に立たない知識にすがりつくことは，不毛であるばかりか，危険ですらある。要するに，心の専門家が用いる専門知識は，未知な旅へと，将来へと歩むための道具にすぎない。専門的知識が役に立たなければ，新しい知識を求めなくてはならない。この本は，面接者が歩むべき旅の総論的なガイド

ブックである。そのように役立てて欲しい。

(理論) 日常語と専門語

　面接が，対等な出会いと専門的関係からなるということは，面接者が考える時には，日常語と専門語の両方で考えるということでもある。日常語は，来談者の生活に近い言葉であり，豊かで，無限の次元を持つ。一方，筋道を立てて考えるのには，あまり適さない。専門語は，一つの意味，定義された意味だけを持ち，一義的であり，論理的思考には便利である。しかし，その代わりに日常性からは遊離している。

　来談者は，日常語で生活の問題を語る。その訴えには色々な意味が含まれているので，面接者は，専門語を道具として，来談者の訴えの多義性に切り込んでいく。そして，訴えの背後にある日常的な問題を，専門語で捉えようとする。つまり，面接者にとって専門語とは，外科医のメスと同じである。しかも，面接者は来談者と話し合うのに日常語を用いるのだから，来談者は，面接者の専門的知識を意識しないで，自分の言葉で考えることが出来る。そして，自分の考えが明確になると感じられる。自己臭症の研究者として知られる故足立博先生は，「私は臭うという患者」という表現を最後まで崩さなかった。自己臭という診断名を否定したのではない。人間の訴えを日常語の水準で捉え，あくまでも出会いの問題として問題解決していこうという基本姿勢が，彼にはあった。専門語のラベルを貼ることによって，人間が見えなくなることを嫌ったのだと思う。人間学的精神病理学の原点を貫こうとする先生に，私は多くのものを教えていただいた。ちなみに，「若い時から依頼原稿を書くようになったら，研究者としてはお終いだよ」というのも，先生に教わった専門的知恵である。

VI. 面接の展開

1. 分かること

1) ストーリーを読むこと

　ここで改めて，人を「分かる」とは，どういうことかを考えてみよう。良い映画でも小説でも，ストーリーが展開するには，きっかけになる場面がある。

　あるアメリカ映画の話をしよう。観た人もあるだろう。ある大金持ちが非合法な殺人を趣味にしている。そこで，何をやっても成功しない若い誇り高い男が，愛する家族のために自分の命を売って大金を得て，家族を幸せにしようと考える。派手好きで猟奇的な男が家族を愛する若者をもてあそぶというグロテスクなストーリーを，誰もが想定する。その二人が出会う場面が面白い。意外にも，その場に現れた金持ちは車いすに乗った老人であり，しかも，人生の苦悩を一身に背負い込んだような暗く沈鬱な表情をしている。そして静かにブルース・ハモニカを鳴らしている。黒人の抑圧された歴史の中で育まれた，軽妙で哀しい響きが聞こえてくる。この場面によって，その老人が突然，若い男の希望を叶える救済者にすら見えてしまうのである。その結果，「何故，死ぬのか」，「如何に，愛するのか」という誰も答えられない，さらに深い謎を残して，映画は終わる。

VI. 面接の展開　　75

　一つの映画でも観客が感じ取るストーリーは無限にありうる。人によって違うストーリーを読むといってもよい。各人が自分の好みのストーリーを読み取る。そしてストーリーがダイナミックに展開する時には，人は自分が読み取っていた古いストーリーを捨てて，新しいストーリーを読み取ることになる。この映画では，「猟奇的な金持ちが家族を愛する男を金でもてあそぶ」というストーリーから，「人生の苦しみを知り尽くした老人が若者を救えるのか」という意外なストーリーへと展開した。その意外性を見事に演出する小道具が，ブルースの音色であった。

　人間の心の奥深くを覗き込めば，そこには幾重にも重なる謎だけが見えてくる。それは底なし沼を覗き込む作業に似ている。下手をすれば，自分が，その沼にはまってしまう。「何故，生きるのか」という問いは，面接者も答えることの出来ない，危険な問いである。人は何故，生きるかを知らない。何故，死ぬのかを知らない。何故，苦しむのかを知らない。何故，愛するのかも知らない。何故，努力するのかも知らない。どうやら，人間とは，そんな存在らしいのである。

　人間という存在が謎に満ちている点を考慮すると，人を分かるということは，ある図式に照らし合わせて理解するという簡単なことではないらしい。図式がいけないのではない。図式や理論は人間を理解するための道具であって，実際の人間は，それより更に深い謎の上に存在するからである。
　人は何故生きるのかを知らない。そのような謎の上に生きている以上，ストーリーが展開していくに従って，更に，深い謎が現れてくるのは自然である。この現実に対処できる理論構成でない

と通用しないのである。

　それでは，他者を分かるということは，どのようなことなのだろうか。改めて整理してみよう。

　誰か或る人を「分かった」というときは，相手のストーリーが自分の中に出来たということである。ここでストーリーとは，人の生き方を時間的につないで，筋道が分かるように「言葉」にしたものである。小説は，主人公の生活についてのストーリーを述べたものである。同じように，面接者が書くケース・レポートは，限られた紙面に，来談者のストーリーを要約して，他の専門家に理解できるようにしたものである。小説と違うのは，そこに<u>生身の人間</u>が実際に居ることである。
　それでは，ストーリーは，どのように出来上がっていくのだろうか。

2）無際限性
　一人の人が提供する情報は無際限である。**無際限性**という言葉は，精神病理学者であり，哲学者であるヤスペルスのものである。言い換えれば，人とは基本的に捉え尽くせないもの，無限なもの，「分からない」もの，謎である。面接者がこのように考えるから，来談者は，自分の自発性と自由が保証されたと感じる。対等な出会いがあったと感じる。
　ところが，人が無際限であるということは，限られた言葉では来談者の人生は表現できないということにもなる。実際に，経験の浅い面接者が書いたケース・レポートには，来談理由や面接目的について殆ど書いてないのに，読み切れないほど分厚いものが

ある。その人から得た自分の感想だけ書いて，観察所見が全く書いてないものまである。いずれも無際限な情報に振り回されて，自分の中で咀嚼し，まとめ直すことが出来ないのである（**無際限性に支配される誤り**）。これに対して，熟練した面接家のレポートは必要な情報を簡潔に提示する。

　生きた人間が無限の情報を提供するとすれば，どのようにして，有限な言葉を用いて，適切なストーリーを書くことが出来るのだろうか。初心者と熟達者の違いは，何に由来するのだろうか。

3）**無際限性の克服**

　面接で得られる情報は無際限だということは，注意深く観察すればするほど，無限の記録が集積するということである。分厚い記録を前にして，私は「よく見ている」，と自己満足していては，人を理解したことにはならない。むしろ，そのような態度を，来談者は，「ただ聞いているだけ」と批判することは，前に述べた。

　無限の情報から取捨選択し，一つのストーリーとして，その人を理解するのが，面接者の仕事である。要するに，面接者が相手を分かるには，無限なものを有限な言葉に定着させる技法を持たなくてはならない。これを「**無際限性の克服**」という。人間存在の無際限性を自覚しながらも，有限な文字に表現する工夫が必要である。この有限な文字が表す筋道が，ストーリーなのである。実際のレポートの書き方は，Ⅷ項の「ケース・レポートの書き方」に示したので，参照していただきたい。

　ここが重要な点であるが，ストーリーは有限な言葉で書くから，それが無限な生きた人間の総てを語ることはあり得ない。ストーリーを書くときには，そのストーリーから切り捨てられた無限の情報が，ストーリーの影として，無限の**残余**として残されている

と考えるべきである。つまり，実際に言葉に固定されたストーリーは，ある人の一面を「化石化」したものと言い換えることができる。ストーリーは無限の残余を従えており，残余こそが人間存在に近く，残余によってストーリーは生きたものとなる。

人間 ＝ ストーリー ＋ 残余（無際限性）

つまり，ストーリーは差し当たっての一つの見方である。当面の問題解決に役立つ考え方を探っているに過ぎない。熟練した面接者は，人間全体のストーリーを描き尽くそうとは思わない。ところが，初心者は来談者の総てを書けると思うから，症例記述が無限に大きくなる。

むしろ，ある人を総て分かったと思うとき，その観察者は，その人の残骸を見ているにすぎない。人間を見失っているにすぎない。実際には，その本人は既に，遙か彼方を歩んでいるのである。

要するに，ストーリーと，その人自身とは違う。

これが分かれば，一つのストーリーは，至る所が穴だらけであるということも納得がいくだろう。完成したストーリーを目指すのであるが，実際に，ストーリーが完成したように感じたら，もう，そのストーリーは役に立たない。有限な言葉で完成しては，その人自身（残余）が見えない。生きた来談者が見えない。

面接では，常に，新しいものが出現する。新しいものが出現すると，それまでのストーリーは破綻し，修正を余儀なくされる。むしろ，新しいものに対応できる破綻可能なストーリーが必要なのである。

他者理解のストーリーは,「分からない」部分,残余,謎へと開かれていなくてはならない。

4) 意外性の体験

面接でのストーリーは,生きた人間に根拠を持っていなくてはならない。小説とはここが違う。個々のストーリーが,その人自身とは違うとすれば,実際の人間とストーリーは,どのように関連するのだろうか。いくらもっともらしいストーリーを面接者が作っても,本人の役に立たないと無意味である。本人が,「なるほど」と思えるものなら,なお良い。そのためには,来談者が語った言葉を使って,それをキーワードにしてストーリーを作るのがよい。そうすれば生々しい体験を共有できるからである。

　適切なストーリーは「生々しい」。

面接者が持っていたストーリーでは説明できない,新しいものが,面接で出現したときに,ストーリーは新しく展開する。面接者は,あるストーリーの「生々しさ (die Wirklichkeit)」を,どのように気付くのだろうか。それは,他者の抵抗によって感じるのである。他者の抵抗,それは来談者との貴重な触れ合いが生じた証拠である。それは,面接者が持っていた古いストーリーが破綻したときに感じる感覚,驚きである。これを,**意外性の体験**と呼ぶ。意外性とは,他者と出会った時に感じる衝撃のことである。それは発見の喜びでもある。なお,私は二十年以上も前に,鈴木純一先生から,「頭で考えているのではなく,脊髄反射として出てくる言葉が本物である」と教えていただいた。今から思えば,ここで言う意外性の体験とは,これと同じであったように思

う。

面接では意外性の体験に導かれて，新しいストーリーを紡ぎ出す．

　上記の映画では，意外性とはブルースの音色である．意外性の体験は，それまであったストーリーが破綻したことを明らかにする．意外性は，そこで，今まで思いこんでいたストーリーと現実の間で矛盾，パラドックスが生じたことを示している．矛盾点は，「分かった部分」の間隙に，「分からない」部分，説明が付かない部分として出現する．それは，今までのストーリーを捨てるべき時であることを告げる．その契機となるのは，他者の力である．

5) ストーリーの展開

　面接が進行するに従って，ストーリーが展開していく．面接では，人は大抵，絶望か不信のストーリーを持って来談する．面接者が，そこに希望のストーリーを読み取ることが仕事である．

　まずは面接者が，来談者について何らかのストーリーを得る．来談者と面接者のストーリーがぶつかりあいながら，絶えず新しいストーリーを形成する．その都度，出たり消えたりするストーリーは，生活史全体の一側面を表現しているに過ぎない．このような小さなストーリーが蓄積して，全体として，ケース・スタディのような大きなストーリーが読み取られる．さらに，この大きなストーリーが，一部の修正によって，全体の意味合いが変化していくのである．修正点は一つであっても，ストーリー全体のゲシュタルトが変化するのである．

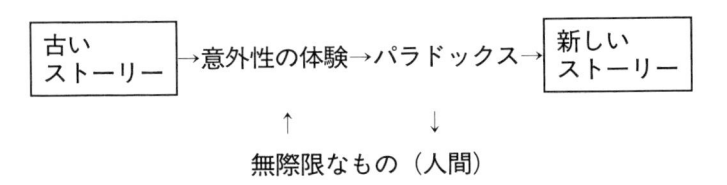

```
┌─────────┐                                    ┌─────────┐
│ 古い    │→意外性の体験→パラドックス→│ 新しい  │
│ ストーリー│                                    │ ストーリー│
└─────────┘                                    └─────────┘
              ↑              ↓
         無際限なもの（人間）
```

　付け加えれば，新しいストーリーを紡ぎ出す作業は，それ自体，強い抵抗を示すことが多い。ストーリーが無限にあるといっても，人とストーリーの関係は，自由なものではないからである。人は，一つのストーリーに縛られると，脱皮できなくなる。自分の作ったストーリーに縛られる。例えば，「自分は死ぬ他にない」という自殺のストーリーは，当人には苦痛なものであっても，一度，身に付けたストーリーを，人は容易には捨てることが出来ない。可能なストーリーは無限にあっても，固定したストーリーを持ち続ける。例え不幸なストーリーでも，自分が信じ込んでいるストーリーを捨てることは，大変な痛みや不安を伴う。自己の大きな変革を求められるからだ。

　だから，新しいストーリーが読み取られるには，面接者と来談者の信頼関係が必要なのである。面接者が「一緒に見ること」，「見守ること」が重要なのである。

　ストーリーのダイナミズムは，そのような中で生じてくる。本人が一つのストーリーにしがみついても，ちょっとした意外な点から，面接者は，他の可能なストーリーを探る。例えば，自殺のストーリーが，「自分はあまりに愛されたいと思っていたので，それが満たされずに，死にたくなったのだ」というストーリーに変化すれば，それだけで面接が一歩，前進したことになる。「何故，それほどに愛されたいと思うようになったのか」というスト

ーリーを探求することが出来るからである。

　要するに、ストーリーとは仮のものであって、次々に、新しいストーリーが出現する。

　重要なのは、その背後にある、生きたダイナミズムが理解されることである。

2．受け止めること

1）分からない部分（謎）

　話し合いによって、ストーリーは次々と新しい展開を示す。映画や小説と同じである。

　そして最終的に、一つの確固としたストーリーとして完結することが面接の目的となるのかというと、そうではない。人の一生は謎である。だから、ストーリーは常に新しく展開し、留まることはない。話し合って、来談者のことが具体的に分かる度に、新しい展開が起きてくる。

　つまり、ストーリーが展開するほど、「分からない」ところ、新しい謎が出てくる。話し合いが深まれば深まるほど、解き得ない謎が明らかになる。面接が行き着く究極点は、「こうすれば良い」というような絶対的ストーリーではない。実際、上記の映画は、「何故、死ぬのか」という強烈な謎を残して終わる。ストーリーの深まりと共に、より深い謎も見えてくる。そして、遂には究極的謎に至る。

　多くの来談者が、究極的に問う質問とは、「何故、生きねばならないか」という類のものである。『そんなことを考えても苦しいだけだよ』と応える面接者もいる。それで、済めばよい。しか

VI. 面接の展開

し，多くの場合，究極的な問いを持った人は，その問いから自由にはなれない。その問いを避けることは出来ないから来談する。問いによって，がんじがらめに縛られている。だから，苦しいと訴えて来談する。それを「受け止める」のが，心の相談の業務である。

　究極的問いとは，人間についての問いである。人間についての問いは，人間そのものが謎だから，解決不能である。面接者は，来談者と同じ人間として，人間に固有の謎を抱えて生きている。来談者は，そのような問いを抱えて，面接を受けに来る。

　この場合，生きる意味を一生懸命説いたり，謎について考える無意味を説いたりする面接者が何処にでもいる。その試みは，大抵の場合は，相手を絶望させる結果に至る。励ますことが，いけないのではない。答えのない究極的問いで悩んでいることを，来談者自身は，心の何処かで知っている。その問いから自由になれない苦しさ，人間であることの苦悩を訴えている。それにもかかわらず面接者が，自分こそはその答えを知っているという軽率な態度を示すので，信頼を損なうのである。来談者は，面接者の傲慢や軽率を，きわめて鋭敏に読み取る。説教好きな面接者は，相手を人間不信へと追い込むから，いけないのである。

　来談者は自分の存在をかけて話す。その相手が，たかだか心理学や社会福祉や医学の知識を学んだことで，人生の深い問いに答えられる人間になったかの如くに錯覚する軽率な面接者であったと知ったとき，来談者が絶望するのは当然である。面接者を簡単に信じた自分の甘さを責めるのである。要するに，面接者は深い謎について問い掛けられたと気付くこと。それが分かったとき，面接者は素直に苦痛を共有する以外にない。

映画や小説には,「深み」,つまり味わいの有るものと無いものがあるように,面接にも「深さ」がある。話し合いが深まってきて核心に迫ると,面接者の専門的知識の限界に突き当たる。それまで専門用語を使って来談者を分かっていた範囲では,面接者も楽であった。しかし,じきに,それでは済まなくなる。そうなったら,面接が核心に迫ってきた証拠である。

　以下の例は,来談者の問い掛けの力によって,面接者の専門的知識が深められる様子を描いたものである。

　（来談者　E氏）三十代の男性である。精神障害によって多彩な症状があった。その治療をしている間は,順調であった。相談が困難に突き当たったのは,「障害受容が私のテーマである」と彼が言ってからである。自分が障害を持っていることを認めているが,それを認めて「生きること」が苦痛であり,それを越えて恐怖ですらあると強く訴え続けたからである。現在の自分を肯定できないのである。
　当時,他のケースがそうであったように,私は彼もまた,時間と共に自己肯定へと向かうものだと思い込んでいた。しかし,事実はそれとは異なった。どのように話し合っても,どのような社会資源を活用しても,どの心理学知識を参考にしても,自己否定的感情は消失しなかった。何故,自己肯定できないのか。それが面接でのテーマとなった。彼の問い掛けは,実に執拗だった。既に彼は,他施設で自分の障害を客観的に測定しているし,それを十分に理解していた。しかし,障害を客観的に認識すればするほど,障害を持って生きることが悲惨に思えてきて,それを容認できないと言うのであった。

障害受容という言葉を私が改めて考え直したのは，この時であった。障害受容とは，ありのままの自分を容認することである。自己肯定が出来なければ意味がない。それは自尊心の問題でもある。何故，彼にとって自己肯定が難しいのだろうか。それが理解できなかったのである。

　そこで，自己肯定という言葉が私にとって，どのような意味を持っているのかと自己分析してみた。しかし，どう考えても答えは出なかった。それどころか，自己肯定しているとすら思えなかった。この点では，私も彼と同じであった。それにもかかわらず，いつの間にか，面接者である私は，彼には自己肯定が可能であると思っていた。今まで，私が出会った多くの障害者達は，確かに，障害受容というような見事な変化，あの控えめで穏やかな，面接者をも癒すような態度を身に付けていった。今から思えば，彼らは，私が成し遂げることの出来ない奇跡を果たした者達であった。例外例であった。

　長い話し合いの後に，私は初めて，自己受容の困難さに気付かされた。それは衝撃であった。そして，『あなたの悩みは健常者と同じですね。だから，あなたの抱えている自己肯定という問題を，どう解決したらよいかは，私自身にも答えられない。だから，一緒に考える他にないね』と答えた。障害受容という専門語があり，それに関する多くの理論がある。専門家は専門語を知ると，それで答えを得たと思ってしまう。しかし，Ｅ氏自身は障害受容という専門語によって傷付いていた。障害受容は，自己受容が如何に困難かを知るための言葉として意味があったのだ。

　この例は，来談者の問い掛けの方が深く，面接者の考えが，後から追い付いた例である。面接者は今までの援助者達と同じく，

障害受容という専門用語を知っている。そして気付かない内に，自分にすらできない態度変容を，彼に要求していたのである。それは，「悟れ」と一方的に要求することと同じであった。自己洞察は問題解決に至るとは限らない。「自己洞察が深まれば死ぬことになるかも知れないのだよ」とは，先に述べた石川清先生が教えてくれた言葉であった。自己洞察が問題解決につながるという幻想が流布したのは，フロイトにも大きな責任があったと私は思う。

　それでは，面接者はどう行動したらよいのか。

　面接が対等な話し合いであるという意味は，来談者の主張・問い掛けの方が，面接者より深い場合があるということである。面接者が来談者に問い掛けるだけではない。来談者の問い掛けの重みに気付くことが大切なのである。

**　来談者が究極の問いを立てていると気付くのは，意外に困難である。**

　実は，面接が，面接者さえ答えられないテーマへと展開すること自体は，驚くべきことではない。それは，むしろ喜ぶべきことである。その理由を説明する。

　その時，来談者は，初めて，自分が抱える困難を，自分の問題として語り得たからである。来談者の訴えが本当に解決困難であると面接者が感じたとき，面接者は，もっとも大事な点を理解したのである。この時，人生上の対等な者同士として話し合い，その重さを分かち合う所まで，ようやく二人で来たのである。

しかし，ここで面接者は何をしたら良いのだろうか。「これから先はあなたの問題です」といえるテーマなら，ここで面接は終わって良い。話を聞いてもらうだけで気が済む人も，そのままで良い。しかし，「何故，死んではならないか」，「どうしたら自己肯定ができるか」などの究極的問いであった場合には，面接者は，その問いを放置することは出来ない。放置は，来談者にとって極めて危険だからである。しかし，ここから先に進むには，面接者には，もう一つ「深い」専門家としての知識と技術が求められる。究極の問いを「受け止めること」，実は，面接の難しさも楽しさも，ここにある。

2) 面接の二つの段階

面接の目的が，来談者を「分かること」と「受け止めること」であることは既に述べた。両者は，ちょうど一枚のコインのように裏表一体となっている。これに対応して，面接を大きく二つの段階に分けてみよう。実際には，面接は，二つの段階に応じて，時間的に展開するともいえるし，個々の面接に，二つの段階が常に二重に存在するともいえる。

究極的問い，つまり明確な答えが得られない人生の課題が見えてくると共に，面接は，今までと違った新しい段階，つまり第二段階に突入する。第二段階で，面接者が行うべきことは，「受け止めること」である。初心者は，これなら自分に出来ると思うかも知れない。しかし，この素朴な原則こそが，面接者に，もっとも高度な専門性を要求するのである。

第一の段階は，訴えの背後にある悩みを解読することである。

これは,「分かること」が中心になる段階であり,サイン解読の段階である。何が問題か分からないときに,問題を絞っていく過程である。「見ること」が要求される段階でもある。初めのうちは,来談者の抱える問題が何なのか,二人とも分からない。面接では,訴えの意味,つまりサイン解読を行うことが主になる。この範囲では,心理学的専門的知識が大いに役に立つ。面接関係では,相互的関係よりも専門的関係が表面に出る。面接者が,専門的知識を武器にして,来談者の自己分析を助けていく過程である。**サイン解読**の技法は,来談者の疾病や個性に大きく左右される。そして初めのうちは,サイン解読を行うことそれ自体が,訴えを「受け止める」ことになる。フロイトが理論化したのは,主に,この段階である。

第一段階から第二段階に面接が転回する時は,「見ること」から「受け止めること」へと,面接者の力点が変わる。それと共に面接者と来談者との関係も変わる。

第二の段階は,人生の究極的問いを「受け止める」段階である。何回も話し合っていると,来談者が本当に訴えたかった人生上の課題が明確になる。面接者にとっても,解決不可能な人生上の課題が,はっきりと見えてくる。その時,今までのように,サイン解読と「見ること」だけでは対応できなくなる。しかも面接者には,来談者の問いを解決する力もないし,来談者の生活を守る力もないことも分かっている。面接者は絶体絶命のところに追い込まれたわけである。

ここで面接者が行うべきことは,究極的問いを「受け止める」ほかにはない。究極的問いを前にして,面接者は『自分でも分からないことだから,一緒に見ていこう』と告げることしかできな

い。しかし，面接者が自分の生活を「見守ってくれる」と，来談者が感じるのもまた，この時である。

ここに述べた面接の転回点を，図式化すると，以下のようになる。

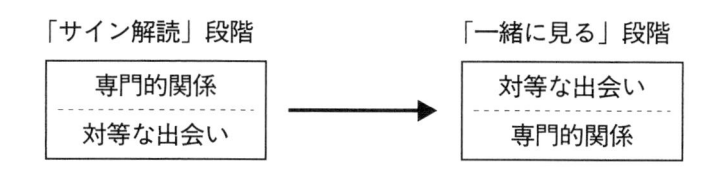

```
「サイン解読」段階              「一緒に見る」段階
┌───────────┐                ┌───────────┐
│ 専門的関係  │                │ 対等な出会い │
│───────────│     ━━━▶       │───────────│
│ 対等な出会い │                │ 専門的関係  │
└───────────┘                └───────────┘
```

3) 一緒に見ること

よく考えてみると，何故，来談者が，見守られていると感じるかは不思議である。面接者は，面接室だけで来談者に関わっていると思いがちである。しかし来談者は，実は，そう感じてはいない。生活の場には面接者がいないにもかかわらず，そこで見守られていると感じ，「先生は見ていてくれる」と言って感謝する。

生活の場で何が起きているのであろう。来談者の生活情報は，総て来談者自身が知覚したものである。来談者は，自分の生活を自分の網膜で見て，自分の鼓膜で聞く。面接者は，原則としては，来談者の生活圏と接触することはない。生活の場を，直接，見ることはない。面接者は，来談者の知覚に全面的に頼っている。つまり，来談者の現実検討能力が障害されている場合は，生活情報を面接だけで知るのは困難になる。その場合は，面接者は，家族や友人や同僚などの協力を求めて情報収集する他にない。しかし，一般に，面接を受けに来る来談者は，現実検討能力は保たれているので，面接室では，面接者と来談者の二者だけで充分である。

来談者の実生活には、当然、面接者はいない。それにも関わらず、来談者は、生活の場で面接者に見守られているという実感を持つ。敢えて強調するが、来談者が「見守られている」と感じるのは、単に面接室の中だけではなく、来談者の生活の場においてなのである。来談者は、面接者が何時も身近にいるように感じるから、日常生活で困難にあったとき、「この場合、先生ならば、どう考えるのでしょうか」と心の中の面接者に問う。来談者の心の中には、面接者が存在し相談相手となっている。来談者の自己観察を、傍にいて助けている。来談者の心の眼を、面接者の心の眼が補っている。

　来談者の心の中に、面接者が「不在の他者」として住み着く。この状態を、来談者は「見守られている」と感じる。一方、面接者の意識では、「一緒に見ている」と感じる。来談者の中にある面接者の眼、「不在の他者」の視点は、いわば「心の眼」である。「心の眼」を二人で共有する。さきに面接の場と来談者の生活の場が表裏一体だと説明したのは、このような関係においてである。

　興味深いことは、生身の面接者が、来談者の生活圏に実際にいたら、「見守る」関係は、成立しないだろうという点である。つまり、面接者は「不在の他者」として来談者の生活に関与するから、生活上の利害対立から独立していられる。それゆえに来談者の悩みを「受け止める」という難しい職務を遂行できるのであろう。

(理論)「ともに眺めること」

　北山修先生が「ともに眺めること」と名付けた面接者と来談者の関係は、同じ対象を見る横並びの相互的関係でありながら、面接者がそっと来談者を抱えて支えているような関係である。彼の心理学の中で

も，重要な位置を占めている（幻滅論，みすず書房，2001年）。この本を書くまで気付かなかったが，「ともに眺めること」と，ここでの「一緒に見ること」という表現は，ほぼ，同じ問題を取り上げていると考えられる。結局，面接者の究極の技法とは，ここに行き着くのではないかと思う。

　第二段階で面接者に求められるのは共感である。しかし，面接者は共感という言葉を不用意に用いすぎたようである。共感とは，『辛いだろうね』とか，『分かる』という言葉を口にすることではない。大体，本当に辛いと共感できるならば，傷口に触れるような安易な言葉は避けるがよい。安易な共感は相手には憐れみと受け取られ，憐れみを掛けられた者は，そこには隠された軽蔑があることを鋭敏に感じ取る。そして，自分を惨めに感じる。慰めの言葉は相手を十分に理解した上で用いなくてはならない。自分だけ高いところにいて同情するのは，共感ではなく憐れみである。見かけだけの共感の言葉は来談者には通用しない。
　共感という言葉に値するのは，来談者の抱えた解決不可能な課題から，面接者が眼をそらさなかった時である。解決不可能な問題に出会ったという驚きは，「深い」心の相談で最も重要な所見である。その時でも，その困難から身を引かずに，「一緒に見ていきましょう」と言い切れれば，本当に共感したといえよう。

4)「自分」の意識
　実際に，話し合いが，面接者も答えられないような究極的謎へと立ち至った時，面接者は，独特の重さを感じる。一人の人間を自分の肩で背負ってしまったような重さである。自分の人生だけでも大変なのに，何で，こんなことを私が背負わなくてはならな

いのだろうと思う程である。

　そこで，あがく必要はない。その時こそが，一番，大切な転回点だからである。必要なことは，その困難から眼をそらさないことである。来談者は，究極的謎がそこに在るという厳然とした事実を気付かない。むしろ，それを解決できないのは，自分の責任だと考えている。

面接者は究極的謎の存在に気付いたら，正直に，それを来談者に知らせること。

　『私にも分からないことだから，一緒に見ていこうね』と告げたとき，来談者は，「本当に，先生でも分からないのですか」と驚く。そして自責から解放され，自分で考え行動し始める。面接者は，一緒にいて，ただ見守る立場でいればよい。来談者が，「見守ってくれた」と感じればよい。比喩であるが，一人歩きし始めた幼児は，親の不安を面白がって冒険する。それでも何時も親の視線を感じている。「一緒に見る」時期に，この**「一人歩き」**が始まる。謎の存在への洞察において，はじめて，心の深い部分において，**「自分」の意識**が形成される。

　実際に私は，『私に出来ることはないかも知れないが，何があっても見ていることならば出来ますよ』と告げることもある。この段階では，大抵の来談者は，この言葉で大変，満足してくれる。但し，この言葉を言うには，かなりの覚悟がいる。それは，面接者自身がいかに強い心の痛みを感じても，淡々と来談者と話し合いを続けるという約束だからである。この時点で初めて，共感の名に値する深い関係が出来あがる。ここでは，共感とは単なる感

性ではなくて，決意である。

　それ以降は，誰も解くことの出来ない人生の謎を，来談者と二人でたどっていく。来談者が納得の行く生き方を，共に探っていく。二人で地図のない長い旅，何時，終わるか分からない心の旅に出る。来談者が本当に「自分で考える」ことを始めるのは，「一緒に見る」ことの中からである。

　困難はここにある。面接者もまた，平凡な一人の人間である。共感は，時に，面接者にとっても，重く苦しく，哀しい結末に至る。淡々と面接を続けることこそが難しいと先に述べたのは，このような理由による。「なぜ生きねばならないか」と訴える者の苦悩は重い。次回の面接まで生きてはいないかも知れないのだ。面接者の足場を揺るがすような鋭い問いが，繰り返し出現する。答えを出せないことを恐れないこと，むしろ，いかなる苦痛を示されても怯まず，それを受け止める。その上で，来談者の救いになるような適切な問いを立てる。たじろがずに苦痛の中核へと切り込んで行くことができる。

　第二段階で試されるのは，面接者の力である。それは心の専門家が，如何なる人生の謎，あるいは，生きる苦痛からも眼をそらさないと覚悟して，初めて出来ることである。心の相談では，そのような強靱さが求められることは確かである。心の専門家の基本は，この点にある。しかし，それはもっとも困難なことでもある。目先の技法でこの困難をそらそうと思い，それが可能とも思っている間は，いくら年数を経ても面接法を身につけることは出来ない。

　土居健郎先生は，「外科医が血を見て卒倒していたら仕事にな

らないだろう。心の専門家が人の苦しみを直視できないで，どうするの」と笑っていた。「強くなければ生きていけない。しかし，優しくなければ生きていく資格はない」とは，有名なハードボイルド小説の主人公である。しかし，面接者は通常は，映画カサブランカのボガードのようには格好良くはない平凡な人間である。それが専門理論を学んで研修することで，そのように強靭になれるのだろうか。

　常に，それが出来る人間を私は知らない。容易に，それが出来る人も知らない。人に，それだけの強靭さがあるか否かも，私には分からない。このような理由で，私は心の相談を「不可能な仕事」と呼んでいる。そう名付ければ，人の相談に乗るということが，面接者自身の心をも侵す危険性を持つことを，自覚できるからである。「人の心に素手で触れれば火傷するのだよ」とは，先に述べた足立　博先生が教えてくれた言葉である。危険性の自覚が，今，私の知る貴重な専門的知識である。その点に気を付ければ，面接者には，発見の喜びが与えられる。不可能と思えた問題を，来談者が「自分」で解決していく過程を目の当たりに出来るからである。来談者が，いとも簡単に不可能を可能にする瞬間を，「一緒に見ること」ができるのである。

　不幸にして，将来のある多くの心の専門家が，その重荷に耐えきれず，自ら内部崩壊していくのを目の当たりにする。この専門性に課せられた負担の過酷さに比べ，専門家自身，特に初心者を支える指導体制が不備であることを痛感する。

　この本が，その不備の一端を補うために少しでも役立つことを，私は願う。

VII. 面接理論を学ぶこと

1) 理論とは何か

　心の相談を専門とする者は，特定の先生から深く学んだり，特定の著者の全著作を読んだりする。そのような親密な関わりの中で面接技法を学ぶ。しかし，優れた先生ほど，固有な理論を持っている。心理学の書物もまた，無数にある。それぞれが，独自の理論を述べている。そこで私たち，面接法を学ぶ者は，多くの理論の間で，どれに従ったら良いか分からず，困惑することになる。私も，そうであった。

　自分に合った先生を見付けて，その先生から学ぶとき，その先生の持っている理論と，自分の考えの違いに気付くであろう。そこで，どの理論が正しいかと考える。しかし，ある一つの理論が正しい，という単純な問題ではないらしいと気付く。自分の先生や，著名な先達の理論と，自分自身の考えのつじつまを合わせる必要に迫られる。これが大変な苦労なのである。そんな時，面接の理論とは一体，何かを考えるための，ヒントを述べよう。

(理論) 論理・理論・メタ理論

　理論の正当性とは，どのようなものか。この議論で必ず引き合いに出される，有名なエピソードがある。物理学の世界で，長い間，正しいとされてきたニュートンの万有引力の理論に対して，アインシュタ

インは相対性理論を提示した。

　その正否を決定するために，誰も予測できない将来の自然現象，日食の観察実験を待つことになった。世界中の人が，その日を待った。1923年，彼の予測の三つが総て正しいと観察されたとき，初めて，彼の理論は正しいと，世界が認めた。この事実を指して，科学哲学者ポッパーは，相対性理論は反証可能性を持っていたと評価した。日食の予測という客観的現象によって，彼の理論が反論可能であったこと，それが理論の正否を決める条件であった。

　心の臨床に関連した理論というと，フロイトの精神分析理論，その一分派であるユング理論，ロジャースのカウンセリング理論，ヤスペルスの精神病理学，その他，無数にある。これら心の理論は，上記のような意味では，「正当性を証明することのできる理論」ではない。つまり，どれが正しいという答えを出す方法はない。

　実際に，上記，ポッパーは，フロイト理論が，反証可能性を持たないが故に，客観的理論ではないと指摘した。彼はフロイトの業績を否定したと理解されることが多い。しかし，そうではない。確かに，フロイト理論は，反証可能性を保証するようには作られてはいなかった。彼は新しい現象に出会うと，常に，理論的修正を加えた。そもそも，理論自体が，彼の死まで固定することはなかった。彼の理論とは，実際には，生き物のように変化し流動する歴史的思考産物であった。それは彼の生活史の中に解読すべき膨大なストーリーであった。ポッパーは，彼の理論が客観科学理論とは異なり，むしろ一種の思想であって，興味深く，また，時代に大きな影響を与えた重要な人間観と考えたのである。彼の指摘は正しかった。

　さて，以上の議論では，理論とは何かが問題となっていることを理解されたであろう。このような理論についての理論をまとめて，**メタ理論**と私は呼んでいる。なお，理論についての理論は科学哲学の領域で盛んである。

　実際に存在するもの，現象，面接で出会う人間は，無限の次元，無際限性を有している。無際限性は，人の自由性の根拠でもあるし，絶望的な状態からの回復可能性として無視し得ないものである。その無

VII. 面接理論を学ぶこと

限なものを，限りのある人間の頭脳が描いたのが理論である。従って，面接者は既成の理論に学びながら，それに囚われることなく，それを実践の道具へと転じなくてはならない。如何にしたら，それが可能になるか。

面接理論を考えるには，まず，論理，理論，メタ理論の三つを区別すると便利である。本書では，これを以下のように定義して用いた。

1. **論理**：専門家の思考は論理的でなくてはならない。考え方を明確に示すことが出来て，さらに，ある考えから，次の考えへの考えの筋道が，論理的に追えねばならない。理想的に形成された論理記号は，コンピューターのプログラムである。幾つかのキーワードを使用し，それらを論理式で関連付けたものである。その範囲で客観性が保証される。但し，論理式は無味乾燥である。

心は無際限である。論理は有限である。つまり現実と論理は本質的に異なる。論理は現実からの遊離であり，その単純化である。論理は無限なものである心を有限にし，思考の対象とするための思考の道具である。同じ現実を説明できるならば，論理は，単純なものほど良い。しかし，単純なものほど現実からの抽象度・遊離度が高い。

2. **理論**：理論は論理の集合体であると思いがちである。フロイトやロジャースの理論は，あれだけ著名な人が提唱したのだから，論理的であると信じる者が多い。それは間違いである。むしろ個性的思考，ないしは思想である。理論には，時代的な世界観や認識論や，偏見すら含まれる。それゆえに，理論そのものを観察対象とする感性が，必要である。幾ら著名な理論でも，無批判にそれを踏襲すれば，信仰代理物と批判されて当然である。ヤスペルスが行った精神分析批判は，この点にあった。心という，非合理で無際限なものを扱うのであるから，論理で割り切れるはずはない。

存在するのは，幾つもの理論と，その関係，つまり理論のネットワークである。個別理論は，理論間のダイナミズムの中で捉えるべきものである。

3. **メタ理論**：理論のネットワークの中で，それぞれの個別理論の意義を把握し，その可能性と限界設定を吟味するためには，理論そのものを対象とした理論が必要になる。これがメタ理論である。

2) 面接理論

多くの専門理論を学び，自分の考えも大事にする。それを両立させるためには，どのような面接理論が必要になるのだろう。著名な先達の著作に通じているのは，専門家の必要条件である。目前に居る来談者と接するために，フロイトやロジャースなどの著名な著作を学ぶ。しかし考えてみれば，これは非常に奇妙なことではないか。著名な理論は先達の生きた時代背景で形作られた。それと私たちの実践には，越えがたいギャップがある。彼らの理論は，自然科学の公式のように追試可能ではない。その提唱者の個性から切り離しては論じられない。いくら著名な先達であれ，彼らの理論は，プログラムのような論理構造は持たない。それ程に無味乾燥ではない。私たちが，そのまま引き継ぐには，越えられない壁が存在する。

先達から残されているのは，著名な名によって形成されている理論のネットワークだけである。かつて私は，著名な名によるネットワーク全体を，「**大文字の精神療法論**」と名付けた。しかし，心の専門家は，目前にいる人に対して，自分の判断に従って行為する他にない。私が来談者と如何に関わるか，どの方法が目前にいる来談者に最善であるか，その都度，面接者自身が判断しなくてはならない。結局，「私の考え」，「私」の理論に従って面接する。これを「**小文字の精神療法論**」と呼ぶ。それは独我論的自己の理論である。しかし，これもまた，大きな問題を抱えている。「私」の考えばかり主張すれば，専門家同士で問題を共有できな

くなる。独りよがりになる。専門性すら保証されなくなる。独我論に陥る。他者の批判から自分の実践を閉ざしてしまうという弊害がある。

　それでは，どうしたら良いのか。心の専門家は，著名な名のネットワークと自分の考えの両方を大切にして，その間で引き裂かれたままでいなくてはならないのか。答えは，「イエス」である。そのような矛盾に耐えられる自己こそが，専門的自己である。他の在り方はない。むしろ，そこにこそ面接の面白さがある。冒頭に述べた初心者のパニックは，専門家にはない。
　著名な名と自分の考えには，常にジレンマがある。そこに自己と他者のジレンマを鋭敏に感じ続けることが，面接者には大切なのだ。著名な先輩の助言を仰ぎながら，私固有の考えを磨き続ける。結局，面接者は専門理論のネットワークの中に身を置き，それと「私」の考えを付き合わせて来談者と話し合う。「大文字の精神療法論」と「小文字の精神療法論」の二つ持ったままで，実践の中で折り合いを付けていく。

　面接者と来談者という対等な二者関係に，そこにはいない他者が，常に登場してくる。
　「不在の他者」という第三者性が加わる。面接関係は，原理的に三者関係になる。面接者は面接の場で，自分が実際に学んだ先生や，フロイトやロジャースやヤスペルスが，そこにいるかの如く，「先生は，この場合，どうお考えですか」と，心の中で聞く。「著名な他者」という他者に聞く。来談者は面接の場で，職場の上司や学校の先生や家族を思い浮かべながら，心の中で彼らと対話する。その場にいない者が，面接の鍵を握っている。

面接とは，面接者と来談者との二者関係に，「不在の他者」が加わった三者関係である。

　面接の場で「不在の他者」とは，「著名な他者」であり，来談者の生活圏の人たちである。一方，来談者の生活の場では，面接者こそが「不在の他者」である。来談者は面接者が生活の場にいるかのごとく，「先生なら何と言うだろう」と考える。此処でも，「不在の他者」が鍵を握るのである。来談者と面接者と「不在の他者」との三者関係の中で，問題の正しい解決法は誰も知らない。しかし，この三者のダイナミズムの中で，何処かから，誰も説明の出来ない形で，確かなものが出てくる。新しいものが生じていると気付き発見するのは，面接者の責任でもあり，喜びでもある。私の面接理論は，このような図式で成り立っている。

　このように考えれば，どのような面接理論を学んでも興味を持てるし，どのような出会いにも対応できる気がするからである。

VIII. ケース・レポートを書くこと

1. ケース・スタディ（症例研究）とケース・レポート（症例報告）

　面接の技法と理論について，基礎的なことは前項までに述べた。ここでは，面接の学習方法と研究方法について論ずる。面接研究の基本は，心理測定でも，効果判定でもない。**ケース・スタディ（症例研究）**，そのものである。

　実際に自分が見たケースを，限られた言葉に要約し，心の相談が適切に行われたかを研究する。面接は一つ一つの出会いを大切にするのであるから，個々のケース・スタディこそが基本的な研究方法とならざるをえない。

　ケース・カンファレンス（症例検討会）とケース・スーパービジョン（症例指導）は代表的な学習法である。

　ケース・カンファレンスとは，集団で行うケース・スタディである。同じ職場の者が集まって来談者について議論する場合と，異なった職場からケース・レポートを持ち寄って話し合う場合とがある。どちらも，それぞれの持ち味がある。

　これに対して，ケース・スーパービジョンは，通常，**スーパーバイザー（指導者）**と一対一でケース・スタディを行うことである。心の臨床を学び始めた者は，急がずとも，いずれ，その総て

を体験することになろう。特定の学派を名乗らないケース・カンファレンスは，一見，地味で目立たないが，既に，かなり定着してきている。

　面接指導では，面接の詳細な対話記録を手元に置き，ケースの言葉に，面接者はどう答えたか，その理由は何かなどを，逐語的に取り上げていくという方法を採ることもある。逐語的分析は，重要である。しかし，少なくとも初心者には，教育効果は疑わしい。むしろ，すでに適切なレポートを書けるようになった専門家同士で役に立つ方法である。

　来談者をどう記述すればよいかが分からないのが，初心者である。不正確な情報に基づいてアドバイスすることほど，危険なことはない。ケースにも面接者にも危険である。構造化された知覚を身に付けた面接者だけが，適切な情報を提示できる。しかし，初心者の知覚は素人の知覚である。構造化した知覚を学んでいない者に，逐語的なコメントだけで指導し，「後は自分で考えなさい」といっても，初心者は，コメントそのものの真意を理解できない。その結果，指導者の言葉をオウム返しすることを学習する。指導者の権威性に盲目的に従い，面接の現実から遊離した言葉を，口先で弄ぶことを学ぶ。ハウツウのみの，ロボットのような面接者が出来あがる。指導者を縮小コピーしたような面接家が出来上がる。

　構造化した観察は，学習すべきものである。勘や感性では身に付かない。

2．ケース・レポートの意味

　以上のような理由から，初心者は，**ケース・レポート（症例報告）の書き方**から研修することを勧める。面接の詳細な応答については，レポートの全体像を見ながら，同時に指導するのである。

　適切なケース・レポートを書くことは，面接の基礎である。

　第一に，優れたレポートは実践の質を保証する。

　とにかく，まずはケース・カンファレンスにレポートを提出できるように，実践訓練を始める。それが，土居健郎先生のやり方であった。私は，その姿勢に全面的に賛成であるし，それを受け継いでいる。正直言えば，私は初心者の頃，それに飽き足らなかった。理論や技法の本を読みあさった。理屈だけは何でも知っている頭でっかちであった。

　後に，先生は「理論は本で読めば分かるじゃないか。それでは実践の力は付かないよ」と笑っていた。ケース・レポートの書き方を学ぶことは，人間を学ぶことであった。

　初めの内は，来談者のことを分かっていると自負していた。しかし，それをレポートに書いて人に伝えようとすると伝わらない。人に伝わらないということすら，分からない。そこで，漸く，自分は分かっていなかったのだという自覚が生まれてくる。それまでに，かなりの時間が掛かる。一生，その自覚がない人すらいる。かなりのベテラン面接者でも，この作業が出来ていない者が多くいる。

　まとまらないレポートが提出されたために，カンファレンスで

議論が紛糾し，無駄な時間を費やしたと後悔したことがあると思う。レポート提出者が，レポートの基礎を学習していない場合には，初心に戻って，レポートの書き方を学び直すよう指摘すべきである。改めて，それをしてくれる指導者を探すべきである。

逆に，レポートが上手く書けるようになったことの標識は，カンファレンスで，面接の内容に関する議論に，すんなりと入れる場合である。「あなたのケース発表は面白い」と言われるようになったら，かなり，上達した証拠である。来談者が生き生きと語られている証拠である。「面白い」というのは，そこに生きた人間が感じられるということに等しい。

面接者はレポートを書けるようになって，初めて，専門家として一人前と認められる。

スーパーバイザーと同じ職場で同じ来談者を見ている特殊な場合を除いては，ケース・レポートが，症例を知る唯一の情報源になる。これが適切に書かれていなければ，折角の，ケース・カンファレンスも役に立たない。自分の面接の思いがけない欠点を人に注意してもらえるのも，適切なレポートがあってこそである。

第二に，**すぐれたレポートは専門家同士の交流可能性を保証する**。

ケース・レポートは，専門家として，不可欠な業務上の情報交換のツールである。来談者を他の施設に紹介し，紹介状を書くときなどに必要なのである。自分が行っている面接を社会的に活かすには，他の社会資源を有効に活用しなくてはならない。必要に応じ，本人が必要とする他のサービスへと紹介状を書かねばならない。適切な紹介状を携えて来談するケースは，そこでのサービスも適切なものとなる。そこまで保障するのが，専門家である。

私自身，簡単な紹介状を書いて他施設に依頼したところ，返信に，立派なケース・レポートが付いてきて，恥ずかしい思いをしたことが何度かある。たまたま多忙なために，簡略な紹介状を書いたのであった。いくら面接者としてのキャリアが長くとも，洒落た本を書いても，適切なレポートを書けなければ，ケースに失礼である。また，面接者としての力量が一目瞭然に見抜かれるから恐ろしい。一目で見抜かれる。それが専門家の怖さである。

3．ケース・レポートの書き方

　私は面接が長い経過であっても，とにかく，
ケース・レポートはB5用紙，二枚以内，
という指示を出す。

　私はさまざまな指導を受けた中では，これが一番，学習効果が上がる方法であった。無際限な情報を有限な言葉にまとめて，人に伝える練習をするのがケース・レポートである。必要な情報については，Ⅳ項で述べた。ここでは，その一つの形を実例で示す。
　長さに限定がなければ，初心者は無限に長いレポートを書く。要するに，心の無際限性に支配されるのである。特に，一定の面接期間を過ぎたケースでは，何十枚にわたる面接記録が残っている。これを，二枚以内にまとめるということは，予想外に大変な作業である。私も初めは，なんと面倒なことを要求するのだろうと思った。しかし，やってみると，これが勉強になる。
　メモ用紙に記録された無構造な情報を読み直し，それを取捨選択する。短くまとめようとすると，箇条書きになる。そうすると，

一つのストーリーが見えにくい。ストーリーが分かるように書いてみると，どうも，現実のケースと食い違う。そこで，また，メモに戻って，ストーリーをまとめなおす。そうすると，自分の手元にある情報だけでも，いくつかのストーリーが出来てしまう。それらを比較して，ケースの実際の印象と合致しているものを探っていく。こうして，漸く一つのケース・レポートができあがる。論文に書くようなケース・レポートでは，このような過程が，軽く一年ほどは続く。

　私の場合には，上記のようなプロセスを経てレポートを書くので，通常，ケース記録以外に三つの資料を作ることになる。初心者が，出来上がったレポートを見ると，如何にも自然に簡単に書いたように見える。そう見えるように書いただけのことである。初心者はそれを見て，ケース・レポートは簡単に書けると思い込んでしまう。しかし，訓練しなくては，良いレポートは書けない。
　自分が感じているストーリーが人に伝わるようにする。それを自分の中で再吟味するのが，レポートを書く意味である。繰り返し一次資料である面接記録に戻って，自分のストーリーの細部を検討する。今，自分が持っている印象やストーリーに合わない矛盾があれば，それこそが重要な所見である。そのときは，新しいストーリーを考えなくてはならない。

　長い面接経過のレポートを書くには，私は，以下のような作業を行う。参考にしていただきたい。各ステップで，大幅に情報の取捨選択をしているのが分かるであろう。

　1) **個別面接の要約**：初めは，面接経過のイメージは漠然とし

ている。そして生な面接記録から，面接の展開を直接読み取ることは，ほとんど不可能に近い。そこで，まずは，時間経過に沿って一回ごとの面接記録を要約した，基礎資料を作ることになる。一回の面接ごとに，実際に用いられた「生の言葉」をキーワードとして選んで，箇条書きにする。これが，「無際限性の克服」と先に呼んだ知的作業の始まりである。

こうして出来上がった要約には，面接の回数に応じて，要素的なことが，ただ雑然と経時的に並べてある。これで基礎資料が出来あがる。

2) **ストーリーの探索**：箇条書きした要約だけでも，面接経過に添って，漠然としたストーリーらしいものは見えてくる。初めに持っていた漠然としたイメージと異なっていることが分かる。

次の作業は，全面接経過を数回の面接期間に分割し，各期間に短い名前を付ける。これは，いわゆるKJ法という情報整理法と似た作業である。その各期間に，面接者の言葉で見出しを付ける。その見出しをつなぐと，ストーリーが出来上がる。ここで幾つか，漠然としたストーリーが見えてくる。この時点で，期間の区切り方，見出しの付け方を十分に検討しておくことが，良いレポートを書くコツである。

ストーリーが限定されてくると，必要なキーワードも取捨選択される。しかし，矛盾する要素で重要なものは残しておく。矛盾のある所は重要だから，再び，面接記録に照らし合わせ，新しいストーリーを探る。こうして，キーワードを箇条書きしたストーリーが出来上がる。

3) **ケース・レポートを書く**：ここで初めて文章化する。ただ

し，長さにはこだわらない。初めはＢ５用紙で，7～8枚になることが多い。ここで，「私は，このように理解した」という所まで文章を考え抜かないと，まとまったレポートにはならない。手抜きは一目瞭然である。

　ここでストーリーが，一つに絞られてくる。そして，矛盾点も見えるようになる。ストーリーに矛盾が描かれていることと，まとまりがないこととは異なる。矛盾を書いても，まとまっているレポートは構造化されているのである。

　ケース・カンファレンスに向けて，ここから更に，二枚程度のケース・レポートに短縮する。細部にこだわらず，一番大切なテーマに絞って書く訓練である。最後の完成に向けて，ストーリーを徹底して明確化する。

4．実践：ケース・レポート

　ここではケース・レポートの書き方について，実践的な学習過程を紹介する。

　困難なケースと面接を繰り返し，その内容について分析したケース・スタディは，勿論，重要である。それこそ，ケース・スタディといってもよい。その実例は，専門誌を見ればたくさんある。

　初心者は，まずは，自分のケースを適切に言葉で表現することから学習する。そうでないと，ケース・カンファレンスに参加できない。重ねて言うが，ケース・カンファレンスが生きたものになるか否かは，単に，指導者の責任ではない。指導者自身がケースを見ていない場合には，レポート情報が総てである。情報が整

っていなければ，いくら優れた指導者でも，議論は的外れになる。ケース・カンファレンスが良いものになるか否かは，第一には，適切な情報を提出したかにある。この点はケース提出者の責任に掛かっている。

　どのようにすれば，適切なケース・レポートを書けるか。
　第一歩は，適切なケース・カンファレンスを選んで参加し，そこで先輩のレポートから学習することである。
　第二のステップは，ここで紹介するような個人指導である。
　初心者の場合，面接が長期にわたってから，ケースへの接し方を指導するのでは遅い。
　初回面接時に，熟考してレポートを書き上げ，その書き方を通して，面接の仕方を学ぶのである。

　ケース・レポートは，まずは，
　1) 初回面接の内容を他人が読んで分かるように
　2) 一つの意味あるストーリーとして
　3) 構造化して示すこと

　私は，実務に就く面接者には，以下のような練習をしてもらうことにしている。参考までに，それを述べる。なお，ここに紹介するケースは現実の例を参考にはしているが，フィクションである。
　面接者は，24歳の心理学教室の大学院生S君である。既に，二年間ほど，週一回のケース・カンファレンスを体験している。その点では，決して初心者ではない。一定の実務教育を受けていても，ケース・レポートは，研修を受けた経験がないと書けるも

のではない。彼は院生としての研修期間を終えて、某高校のカウンセリングを週一回担当することになった。自分で、報酬をもらって、ケースを受け持つのは初めてである。そこで私が、心の相談の指導をすることになった。研修は、面接で得た情報を、他の専門家が理解できるように書くことから始める。

　私は、「とにかく、困ったケースを、迅速に、且つ、簡潔にまとめるよう」に指示する。

　早速、「大変なケースが来た」というので、それを文章にまとめてレポートしてもらった。初心者であるから、充分な聴取が行えてはいないのは、当然である。しかし、何処が不十分だったかを、Ｓ君自身が気付かなくてはならない。それには、まずは、ケースについて分かっている範囲でレポートできなくてはならない。そのような課題を体験してもらうのである。

指導例　第一例目

　初めは、Ｓ君はノートに数枚のメモを既にまとめて持っている。そのほとんどは、ケースが言った言葉をメモしたものである。初心者の最初のレポートは、まったく形をなしていないのが普通である。

　初心者は、必ず来談者の言葉を追うし、それだけでケース・レポートをまとめようとする。初心者のレポートが、他の専門家に通用しないのは、来談者の言葉の字面を追うから、来談者の心の混乱、それに由来する言葉の混乱に惑わされる。

　そこでまず、観察所見を加えて、他者が理解できる一つのストーリーになるように、再構成し、言語化するように指示した。こ

VIII. ケース・レポートを書くこと　111

れが初心者には，大変なストレスなのである。その結果，S君は以下のようなレポートを作成した。

① オリジナル・レポート
A　女子

　来談理由は，積極的休息についてと，一流の人の強さということについて話したいということで，自らカウンセリングを希望。一流大学受験のため準備中であるが，成績は志望よりもずっと下。

　身長は160程度で，太っている。部屋に入って座るなり，自己紹介もせずに勢いよく話を始め，その話し方は最後まで変わらない。まくしたてるというような話し方。

　積極的休息の話から始まり，関連した出来事にどんどん話が移っていくが，現在の生活においては，処理としての勉強ではなく学問を教えてくれない学校への不満，ほっとする友達が学校にはなかなかいないという話であった。

　また，不安が強くあり，それを抑えつける強さを自分が持ちたい。一流の人はそういう強さを持っているのではないかという話であった。

　受験への不安が強いのと，更にその先の大学で学問ができるかという不安もあるようであった。話し方や行動，成績が非常に悪いことも気になる。

指導内容：このレポートは簡潔であるのは良い。客観情報を加え，一つのストーリーにしようという努力が見られる点も良い。
1) 一応のストーリーは読み取れるが，読みづらいし，読んでよく分からない。
2) S君自身の中で，何が問題であったと理解したかを適切に言

語化できていない。分からない部分への切り込みがない。
3) 一番の問題は，情報が構造化されていないことである。従って，見出しを付けて情報を整理し直すことにした。

なおIV項—1. 来談理由で，情報の構造について説明したので参照されたい。この点については，S君は十分に知っていたはずなのである。初めて本気でレポートを書くときには，知っている知識すら如何に生かされないかを，今回も実感した。本気で学ぼうとする学生の方が，一時，能力が低く見える時期がある。そして過小評価されがちである。

② 第一回修正レポート
A 女子
来談理由：受験説明会で，積極的休息についての話を聞いたが，不安があると積極的休息は難しいのではないか。一流の人には不安はないのか，または不安を抑えているのかということを知りたい。
現病歴：一流校を受験志望だが，模擬試験の結果は志望よりかなり下である。
面接時所見
客観的記述（状態像）：体型は身長平均程度で，小太りである。椅子に座るなり，自己紹介もせずに勢いよく話を始めた。ティッシュで汗を拭いながら，落ち着きなく，早口でまくしたてるように話した。

　話の内容は，次から次へ変化し，こちらが確認しないとそのつながりがわかりにくい。また話している最中に，身を乗り出してカウンセラーのノートを突如めくり，こちらの取っているメモを指さしながら説明しようとする。

本人の語った内容：積極的休息の話から始まり，関連した出来事にどんどん話が移っていく。現在の生活においては，処理としての勉強ではなく学問を教えてくれない学校への不満があり，ほっとする友達が学校にはなかなかいないという不満もあることを語った。

また，不安を抑えつける強さを自分が持ちたい。一流の人はそういう強さを持っているのではないかということを語った。

コメント：受験への不安が強く，更にその先の大学で学問ができるかという不安もあるようであった。成績が非常に悪いことが気になり，問題が単なる高望みであるのかどうかは今後検討する必要がある。

指導内容：大見出しを付けて，情報を整理することによって，情報の構造が見えるようになってきた。
1) まだ，見出しと内容が不自然である。
2) 何故，大変なケースと感じたのかが，まだ，文章に表現できてはいない。

これらの点で，より具体的に自己分析することを求めた。その結果を書き加えるように指示した。

③　第二回修正レポート
A　女子　18歳
［来談時の訴え］受験説明会で積極的休息についての話を聞いたが，不安があると積極的休息は難しいのではないか。一流の人でも消極的休息になることはあるのか。
［生活歴］高校では弓道部に所属し，生徒会長をしている。
［面接時所見］

客観的記述：ショートカットで眼鏡を掛け，中背で，がっちりした体格である。椅子に座るなり，自己紹介もせずに勢いよく話を始めた。ティッシュで汗を拭いながら，落ち着きなく，非常に早口でまくしたてるように話した。

　話題は，次から次へめまぐるしく変わり，カウンセラーが確認しないと思路が追えない。また，話している最中に，突如身を乗り出してカウンセラーのメモ書きノートをめくり，それを指さしながら説明するという行動が2回見られた。

　面接中何回か，話題が変わることについて「すいません」と言い，カウンセラーに対して気を使っていた。しかし，カウンセラーには，話し方や行動はむしろ無遠慮に感じられた。

本人の語った内容：積極的休息の話から始まり，関連した出来事に次々に話題が移っていく。現在の学校生活においては，受験のための勉強だけで，学問の本当の面白さを教えてくれない学校への不満を語った。また，ほっとする友達が学校にいないという不満もあることを語った。

　また，不安を抑えつける強さを自分が持ちたい。一流の人はそういう強さを持っているのではないかということを語った。

[対応] 面接では，カウンセラーが圧倒され，聞きたいことが聞けずに終わった。そのため，次回，もう一度話をすることを提案した。

指導内容：「聞きたいことが聞けない」ので大変だった，ということは理解できるようになったが，大きな進歩はなかった。要するに，カウンセラー自身が感じている不安を自己分析することが，一人では，難しいのである。

　その点をS君と話し合うためには，数時間の面接時間が必要

であった。S君の不安は、「このケースが精神病であって、医療が必要かも知れない。自分の能力を超えているのではないか」と漠然とした不安、あるいは、直感を持っていた故であったことが分かった。それをレポートに加えることにした。

その上で、今回は、改めて、来談理由の項目を立て、問題点を整理することにした。また、カウンセラーの感じた不安が伝わるように、記述を加えた。

④ 最終レポート
A 女子 18歳 高校三年生

[来談理由] 受験の不安についての自主的来談である。「受験説明会で積極的に休息をとることが必要であると聞いたが、不安があると積極的に休息をとるのは難しいのではないか。積極的に休息をとれないと一流の人になるのは難しいのか」を知りたいという理由で来談した。それは訴えというより、解説を求めてきた印象であった。しかし、一体、何を相談したいのかを詳しく聞いても、話が拡散して、まとまった答えを得られなかった。

[生活歴] 高校まで特に問題はない。弓道部に所属し、生徒会長をするなど積極的な学生生活を送っている。成績は上位であるが、志望校が極めて高く、合格圏にはいない。

[家族歴] 未聴取

[面接時所見] ショートカットで眼鏡を掛け丸顔、中肉・中背で、小太りである。

椅子に座るなり、自己紹介もせずに勢いよく話を始めた。ティッシュで汗を拭いながら、落ち着きなく、非常に早口でまくしたてるように話した。面接中、ほぼ、一時間、その態度は変わらなかった。また、話している最中に、突如、身を乗り出してカウン

セラーのメモ用ノートをめくり，それを指さしながら説明するという唐突な行動が二度ほど見られた。無遠慮であったが，反面，面接中，何回か，話が脱線しては，「すいません」と言い，細かい気遣いも見られた。

　訴えは積極的休息の話から始まり，関連した出来事に次々に話題が移った。話題がめまぐるしく変わり，カウンセラーがその都度，確認しないと思路が追えない。態度・思考にまとまりを欠き，落ち着きなく，唐突であり，自己コントロールに不安を感じている。一方，切迫感があり，何か助けを求めていると感じた。

　訴えは，ほぼ，次のようであった。「学校に不満がある。勉強の面白さを教えてくれない。心を開ける友達がいない。だから，不安が生ずる。その不安を抑えつける強さを自分が持ちたいが，積極的に休息を取る強さを持たない自分は一流大学に入れないかと不安である」。

　本人は「積極的休息」という言葉にこだわったが，実は，受験への不安が強いと思われた。しかし，その不安が病的で医療に紹介すべきものなのか，受験に局限されカウンセラーが対応する範囲なのかの判断が出来なかった。

[**対応**] 次回，もう一度，面接し，受験の不安について話を聞き，医療への紹介の必要性を見立てることにした。

コメント：以上の指導によって，どう変わったのだろうか。少なくとも，一つのストーリーとして読めるようになった。カウンセラーとして，何を問題と感じており，何をしようとしているかが，読み取れるであろう。

　初心者でも，この程度の情報は得ている。初心者は，それを言葉にして，人に伝える技術を持たないに過ぎない。だから，指導

が必要なのである。

　指導法は，指導者によって異なるであろう。しかし，どの指導者が行っても，訂正を加えるのに指導者が費やす時間は，一回一時間に及ぶのは確かである。その間，カウンセラーのメモにない情報，主に来談理由と客観所見について，問い掛け，思い出した内容を分析し，ストーリーを再構成し，これで良いと本人が納得するまで，その過程が続けられる。それは，中級者のケース・スーパービジョンよりも，インテンシブな時間である。

　大変な時間と労力を要するので，そのような時間を割くことを，つい怠りがちである。

　しかしながら，このような指導システムが組み込まれないと，心の相談の専門家は育たない，と私は思う。

指導例　第二例目

　S君は上記のケースをまとめて，ケース・レポート研修の第一セッションを終わった。原則として，二度と同じ指導は行わない。つまり，次のケースからは，S君が，より主体的にレポートを構成する工夫を求められる。そして，すぐに第二例目が来談した。

①　オリジナル・レポート

　S君は，レポートに添えて，次のように要約した基礎資料を示した。それは以下のようであった。

B　男子　17歳　高校三年生
［来談時の訴え］
「対人恐怖症のようになっている。自分ははりつめた雰囲気を

出しているため，周りの人の邪魔になっているように感じる。周りの人の視線が気になる」ということを訴えた。

[生活歴]
・出身県はX県である。
・高校から東京の高校に転校した。寮生活をしている。
・「とても明るく，反面遊びすぎる学生生活である」と語った。
・昨年から，受験勉強への集中を持続するために人を避けていた。昨年の秋には不良に脅されたと言い，今年の4月から周囲が気になるようになった。
・一流大学歯学部を受験志望。
・学校の成績，外部の模擬試験は良くない。

[家族歴]
・家族構成　父（52歳），母（49歳）はともに歯科医。地方で開業している。
　同胞2人の末子で姉がいる。姉は大学院生である。

[面接時所見]
・体型　体型は中背でがっちりとしている。
・外見　深緑色のシャツに黒いズボンで地味に見える。髪型はナチュラルヘア。あまりセットに気を使っている様子はない。
・姿勢　正面に座った。座ったときは若干前屈み気味。
　　　　カウンセラーと目を合わせることはなく，顔を左下方に向け，目を伏せていた。
・立居振舞　頭をさわってみたり，首のあたりを触ってみたりと，落ち着きなく手を動かしている。机の下でも手をもぞもぞ動かしている様子が伺える。
・表情　表情は暗く，変化は乏しいが，考え込むときにいらいら

した様子で眉間にしわをよせ，しかめ面になった。
・話し方　自発的には話さないが，カウンセラーが質問すると，言葉多く説明する。
　　　　　顔や目の向きとは対照的に，カウンセラーに伝えようという姿勢が伝わってきた。
・感情　質問に詰まったときのしかめ面はいらいらした感情を表しているようであった。
・思考
　思考形態　思路　話が飛んだりすることはなく，思路は追える。
　　　　　　思考の速さ　速さは普通程度だが，時折考え込んで黙ることがあった。
　思考内容　不良にあった話は了解が難しかった。

この情報をもとにS君が構成したレポートを次に示す。

B　男子　17歳　高校三年生

[来談時の訴え] 対人恐怖症。自分が張りつめた雰囲気を出しているので，周りの邪魔になっているのではないか。周りの人の視線が気になる。

[生活歴] 地方の中学を卒業し上京し，寮生活をして高校に通っている。

　歯学部の受験に向けてがんばっている。現在の成績は志望よりもかなり下である。

[家族歴] 父（52歳），母（49歳）はともに歯科医。地方で開業している。

　姉は大学院に在学中である。

[現病歴] 高校3年になり，受験勉強に集中するために人を避け

るようになった。今年の4月から周囲が気になるようになったが，気付かなかっただけであって，昨年からあったのかもしれないとBは語った。また，昨年の秋に不良に脅されたという体験があった。

[面接時所見]
観察所見

体型は中背でぽっちゃりとしている。丸顔で髪型はセミロング。

服装は深緑色のシャツに黒いズボンとシックで地味な服装であった。

面接中ほとんどカウンセラーと目を合わせることはなく，左下方に目を伏せていた。手は机の下に隠れていたが，落ち着きなく動かしているのが腕の様子から見て取れた。

カウンセラーが質問すると，言葉多く説明するが，答える症状の時期や内容に食い違いが見られ，カウンセラーが理解を訂正する必要があった。

思考は，早さは普通程度だが，時折考え込んで黙ることがあった。

表情は暗く，変化は乏しいが，考え込むときに時折眉間にしわをよせ，いらいらした表情を見せた。

本人の語った内容

Bは対人恐怖症という言葉を使い，自分の症状を説明した。高校三年になってから，受験勉強に集中を持続し，友人を避けていた。自分の張りつめた雰囲気が周りの人の邪魔になっているような気がして，周りの人の視線が気になるということを語った。さらに精神病への不安があることも語った。

また，去年の秋に，路上で不良に脅されたことがあった。それ

以来，不良に付けられている気がするという話を面談終了直前に語った。カウンセラーがその内容について質問したが，詳しい内容を話すことをためらった。

[対応]

　最後の話題が妄想的であったが，本人は詳しい内容を語らなかった。もう一回詳しい話を聞くために，一週間後の来談を提案した。

[初回面接時の要約]

　B自身は現在の症状を受験との関連から語っているが，その症状が受験という環境要因によるものなのか，あるいはそれよりも病的なものかを検討する必要がある。不良の話については，どういう体験であったかを今後さらに聞いてから検討する必要がある。

指導内容：すでに体系的に情報が得られているので，それに手を加えた。その間に，第二回目，第三回目との面接予定があり，それを加味して作成した最終レポートを示す。

② 最終レポート

B　17歳，男子　高校三年生

初回面接

[出会い]

　自発的な来談である。予約時間25分前に受付に現れた。予約時間が未だと知ると，待てないらしく，待合室を離れ，その後，来室したのは15分遅れであった。訴えは，「対人恐怖症のようになっている。自分がはりつめた雰囲気を出しているため，周りの人の邪魔になっているように感じる。周りの人の視線が気になる」である。

[家族歴]

父（52歳），母（49歳）はともに地方で，歯科医開業である。同胞は姉が1人いる。姉は大学院生である。

[生活歴]

中学までは，とても活発で，反面遊びすぎる学生生活であったという。高校は寮生活を送っている。歯科医になりたいと思い，勉強に集中するために，人を意識して避けた。昨年秋，たまたま通学中に不良に金を脅しとられ，それは一度で済んだが，今年の4月から，不良に付けられているような感じがして，その頃から，周囲の視線が気になるようになった。

[面接時所見]

体型は中背でがっちりとしている。深緑色のシャツに黒いズボンという地味な服装であったが，表情は暗く，頭髪も無造作であった。面接室ではカウンセラーの正面に，若干前屈みに座り，視線を落として，カウンセラーと目を合わせなかった。

手を机の下でもぞもぞと動かし，時折，頭をさすったり，首に触れたりと，落ち着かなかった。問い掛けには，いらいらした様子で眉間にしわをよせては，考え込んだ。自発的に話すことは少ないが，質問には多彩な言葉で答え，一所懸命，気持ちを伝えようとするのが分かった。

話の内容は，対人恐怖の話が主である。自分は精神病ではないかという不安を訴え，「精神病の一歩手前」と言う。その理由として，不良に脅されたことを語った。しかし，その詳しい内容を語ることを嫌い話さなかった。対人恐怖の話題も，また，これと関係するところがあるらしく，表現が曖昧で十分に理解できない部分があった。

深刻な問題を抱え，憔悴しているようであった。対人関係と不

良の件で何かを訴えたいようである。しかし、そのことを詳細に聞こうとすると、話すことに抵抗があるようだった。精神病の恐怖、対人恐怖が強く、医療への紹介が必要になるかも知れない。
[対応]
　切迫した問題はなく、受診等を急ぐ必要はないと判断し、次回の面接で経過を観察することにし、一週間後の来談を提案した。本人も了承した。本人の了解を得て、面接後、クラス担任に連絡を取り、学校内での情報を収集した。特に、目立った問題は起きていない。

第2回面接

　今回はほぼ時間通りに現れた。待合室の椅子の端に座り、教科書を読みながら待っていた。初回時と同じ服装であった。表情は初回時同様、暗く、面接中も視線は合わせなかった。
　一週間前から、勉強に集中しすぎないよう工夫をしたところ、周囲の視線が大分気にならなくなり、「治る寸前」であると語った。しかし、逆に、完全に治って人と話すようになると、勉強に集中できなくなるため怖いという葛藤もあると語った。不良のことは、今回も、内容は説明しなかったが、今は、もう気にしていないと言う。
　また、歯学部を受験する事に対する周囲のプレッシャーがあったことや、まだ寮生活になじめないと語った。家族との関係も含め、環境の要因を検討する必要性が考えられた。
[対応]
　本人の様子から緊急性が感じられなかったこと、状態が大分良くなったと語っていることから、1週間後来談とした。ただし、クラス担任に授業態度を確認することにした。

念のため，この時点で，学校精神科医に連絡を取り，経過を見て必要なら受診紹介をすることにした。

第3回面接（キャンセル）
前日に，本人からキャンセルの電話があった。「すっきりしたからもう行かないで大丈夫」とのことであった。まだ，不安定なところはあるが，今度のこともそれほど心配していない。カウンセラーが心配したほどには，客観的な問題は起きていなかったし，本人の不安の消退も早かった。
［対応］
クラス担任と学校精神科医と連絡を取り，当面，クラス担任が様子を見るという方針とした。

コメント：以上，第一例目の初回レポートと，第二例目の最終レポートの差を見比べて欲しい。ほぼ三ヶ月で，この程度は進歩する。これだけのことをやっておけば，他のスーパーバイザーの指導を受けても，自分の見たケースを言葉で伝えられる。指導者に逐語的コメントをされても，本人がその意味を十分理解できる。「分からないところ」も聞けるようになる。自分の意見も言えるようになる。

地味な訓練であるが，このような基礎的指導が必要であることを再度，指摘して，この項を終える。

IX. おわりに

　それが悲劇であれ喜劇であれ，人は，一人一人が自分の人生の主役である。心の相談は，そのような人たちと接する仕事である。人が多様であるように，面接者も面接理論も多様である。しかし，人間にとって，人生そのものが謎である以上，真実は多様性の背後に，謎の中にしか存在し得ない。これが最も素朴で，無視し得ない現実である。そう考えると，人の生が幻である如くに，心の諸理論もまた幻にすぎないのだろうか。私は，そうは考えなかった。その不確かさの上にこそ，面接理論を構築したいと考えた。

　面接者になるには，特定の指導者の個別的な理論を学ぶ必要があることは確かである。私も，そうであった。しかし，本当に一つの理論に通じた人は，個別理論には縛られない。それを超えた実践的姿勢を身に付ける。そこにこそ基本的技法があるといっても良い。この点が大事であって，そのプロセスを言葉にしたのが，この本である。こうして，人と人との「**出会いの理論**」としての，常識的な面接書が出来上がった。それは私の予想すら超えた，まったく新しい形の面接書となった。この本のねらいは，出会いの多様性に対応できる面接者を育てることにある。そして個別理論の間の橋渡しとなる「言葉」を提示することである。

　読者は，この本を心のどこかに覚えておいて欲しい。実践で行き詰まったときに，この本と話し合って欲しい。そして再び，面接が生き生きと感じられてくるならば，この本を書いた努力は十

分報われたことになる。

　最後に，この本に協力してくれたケースの方々，これを読んで下さった諸先生と同僚達に心から謝意を表したい。いつも，面接者の仕事を深めてくれるのは，これらの方たちとの「出会い」であった。また，ここで私の一存で名前を挙げさせていただいた諸先輩方は皆，私が多くのものを学び，励ましを受けた方たちである。このような形で謝意を表明したことを，お許しいただきたい。私が優れた師に恵まれていたこともあるだろう。しかし，それを求める心さえあれば，最も身近に優れた師がいることを，初心者の方々に気付いて欲しかったのである。

著者略歴
熊倉伸宏（くまくら のぶひろ）
1969年　東京大学医学部卒業
1978年　東京大学医学部助手
1981—82年　英国 Fulbourn 病院，および MRC 精神医学研究所に留学
1988年　東邦大学医学部助教授
1994年　東邦大学医学部教授
　　　　現在に至る

著書
「甘え」理論の研究（伊東正裕共著）星和書店　1984年，「甘え」理論と精神療法　岩崎学術出版社　1993年，臨床人間学―インフォームド・コンセントと精神障害　新興医学出版社　1994年，医学がわかる疫学（監訳）　新興医学出版社　1996年，社会医学がわかる公衆衛生テキスト（編著）　新興医学出版社　2000年，死の欲動―臨床人間学ノート　新興医学出版社　2000年

面接法　　　　　　　　　　　　　　　　　　　　　　　　2002 ⓒ

発　行　第1版　2002年1月10日
　　　　　2刷　2002年4月30日
　　　　追補版　2003年4月21日
　　　　　2刷　2004年5月31日
　　　　　3刷　2005年10月15日
　　　　　4刷　2009年4月1日　　定価はカバーに表示してあります

著　者　熊　倉　伸　宏
発行者　林　　峰　子　　　印　刷　株式会社　藤美社

　　　　　　　　　　　　　　　　　　　　　　　検印省略

株式会社 新興医学出版社
〒113-0033　東京都文京区本郷6-26-8
　　　　　　電話 03（3816）2853　郵便振替 00120-8-191625

ISBN 978-4-88002-158-4　　　　乱丁・落丁本はおとりかえします。

・本書の複製権・上映権・譲渡権・公衆送信権（送信可能化権を含む）は株式会社新興医学出版社が保有します。
・本書を無断で複製する行為、（コピー、スキャン、デジタルデータ化など）は、著作権法上での限られた例外（「私的使用のための複製」など）を除き禁じられています。研究活動、診療を含み業務上使用する目的で上記の行為を行うことは大学、病院、企業などにおける内部的な利用であっても、私的使用には該当せず、違法です。また、私的使用のためであっても、代行業者等の第三者に依頼して上記の行為を行うことは違法となります。
・ JCOPY 〈（社）出版者著作権管理機構 委託出版物〉
　本書の無断複写は著作権法上での例外を除き禁じられています。複写される場合は、そのつど事前に（社）出版者著作権管理機構（電話 03-3513-6969、FAX 03-3513-6979、e-mail : info@jcopy.or.jp）の許諾を得てください。